儿童青少年心理健康手册 教师篇

杜亚松 主编
张伟娣 程永琛 副主编

少年儿童出版社

图书在版编目 (CIP) 数据

儿童青少年心理健康手册 . 教师篇 / 杜亚松主编 ; 张伟娣, 程永琛副主编 . — 上海 : 少年儿童出版社, 2024.6

ISBN 978-7-5589-1932-9

Ⅰ . ①儿… Ⅱ . ①杜… ②张… ③程… Ⅲ . ①儿童—心理健康—健康教育—手册②青少年—心理健康—健康教育—手册 Ⅳ . ① G444-62

中国国家版本馆 CIP 数据核字 (2024) 第 088297 号

儿童青少年心理健康手册　教师篇

杜亚松　主编

张伟娣　程永琛　副主编

翟苑桢　绘图

施喆菁　装帧

策划编辑　李　蓉

责任编辑　王晓亚　蔡　畅　美术编辑　施喆菁

责任校对　黄　岚　技术编辑　谢立凡

出版发行　上海少年儿童出版社有限公司

地址　上海市闵行区号景路 159 弄 B 座 5-6 层　邮编　201101

印刷　山东韵杰文化科技有限公司

开本　720 × 980　1/16　印张　18.5　字数　252 千字

2024 年 6 月第 1 版　　2024 年 6 月第 1 次印刷

ISBN 978-7-5589-1932-9/N · 1288

定价　48.00 元

序一

近年来，儿童青少年发展及心理健康问题越来越被各级政府、学校和社会各界重视，也成为相关学者关注和研究的热门领域，事关万千家庭的幸福和谐。

一方面，儿童青少年心理健康发展事关健康中国，事关学校教育培养什么样的人的根本宗旨。正如《健康中国行动——儿童青少年心理健康行动方案（2019—2022年）》指出的：儿童青少年心理健康工作是健康中国建设的重要内容。同时，教育部《中小学心理健康教育指导纲要（2012年修订）》指出：中小学心理健康教育，是提高中小学生心理素质、促进其身心健康和谐发展的教育，是进一步加强和改进中小学德育工作、全面推进素质教育的重要组成部分。因此，在中小学开展心理健康教育，对中小学儿童青少年常见心理问题进行科学有效、切实可行的干预是学生身心健康成长的需要，是全面推进素质教育的必然要求。

另一方面，家庭是儿童青少年健康发展的重要影响因素，家长是孩子健康发展的主要助推器之一。我们常说，父母是孩子的第一任老师，家庭是孩子认识社会准则和建立行为规范的第一课堂。因此，家庭就构成了影响儿童青少年心理行为外环境中最基础、最重要的组成部分。相关心理学研究表明，父母的教养方式、家庭环境和氛围、亲子关系、家庭阶层、父母受教育程度、父母自身修养等无一不对儿童青少年心理健康发展产生重要影响。健康的家庭生态系统对心理问题的形成可以起到一定的抑制作用，反之亦然。常言道，解铃还须系铃人。家长在家庭教育中负有主体责任，教育孩子本是父母的法定职责，这个教育自然包括主动引导儿童青少年健康发展，协同学校和医疗机构对心理问题儿童青少年进行干预。

中小学生正处在身心发展的重要时期，随着生理、心理的发育和发展，社会阅历的扩展及思维方式的变化，特别是面对社会竞争的压力，他们在学习、生活、自我意识、情绪调适、人际交往和升学就业等方面，会遇到各种各样的心理困扰或问题。根据中国青少年研究中心和共青团中央国际联络部曾发布的《中国青年发展报告》显示，中国17岁以下儿童青少年中，约有3000万人受到各种情绪障碍和行为问题困扰，主要包括抑郁、焦虑、强迫、厌学、网络成瘾、自杀自伤等。除此之外，学习困难、校园霸凌、情绪障碍、品行障碍等问题，也是儿童青少年常见的心理行为问题。

如果不能及时发现并有效干预，儿童青少年期间出现的许多问题会持续到成年期，影响未来的生活和工作，给家庭和社会带来沉重的负担。《中国国民心理健康报告（2017—2018）》指出，中国学龄儿童和青少年心理异常总患病率为15.6%，男性低于女性。随着中国经济社会快速发展，儿童青少年心理行为问题发生率和精神障碍患病率逐渐上升，已成为关系到国家和民族未来的重要公共卫生问题。

面对积极主动促进儿童青少年心理健康发展的根本要求和儿童青少年心理问题发生率、总患病率居高不下的严峻形势，一大批关心儿童青少年心理健康的学者、临床心理医生、学校心理健康教师，抛开门户之见和行业壁垒，结盟携手、协同合作，几十年如一日专注于儿童青少年心理健康促进的工作，上海市精神卫生中心儿少科主任杜亚松即是其中杰出的代表。

杜亚松教授本是精神科医生，在儿少精神病临床治疗和研究领域德艺双馨。在心理健康促进领域似乎有着所谓不言自明的“食物链”：精神科医生比心理医生高级，而心理医生又比学校心理辅导老师高级。照此说法，科班出身、业务高级的杜亚松教授有足够的理由睥睨学校的心理辅导老师，但他并没有如此。他二十多年前一到上海即躬行此事，鼎力支持并与学校心理健康教育老师和咨询师志同道合，结成同盟，带教新手，造福学生，可以说对上海学校心理健康教育的蓬勃发展功勋卓著。

我有幸与杜教授相识合作二十多年，承蒙抬爱，受惠良多。我在上海师范大学心理系和心理咨询与发展中心工作期间，得益于杜教授及其团队的鼎力支持，上海师范大学在医教结合、多方协同工作方面可能是上海最早开展的单位，这也是上海师范大学作为教育部全国高校心理健康教育示范中心（上海独此一家）的重要亮点。七年前我离开上海师范大学，转任上海学生心理健康教育发展中心主任，对上海大中小学心理健康教育工作负有统筹协调的责任，更是对杜教授系统整合医学、教育学和心理学的工作视角，从家庭治疗到家庭干预乃至家庭教育的工作拓展由衷钦佩，我真心希望他的工作理念、策略和思路能够拓展影响，扩大受益面。

而今，杜教授带着他的科室医生团队、上海市教委授聘的上海学校心理健康教育名师（杜亚松）工作室团队，以及浦东新区杜亚松名师工作室团队，在大量调研的基础上，梳理了59个常见的儿童青少年心理及行为问题，继而逐一分析，给出具体的对应策略，以教师手册的方式集结成书。这既是医教结合的成果，也是名师带教的成果，更重要的是能够造福于广大家庭及孩子。受邀作序，我自知才疏学浅，难任斯职，但于公于私却之不恭。想想教育部《中小学心理健康教育指导纲要（2012年修订）》要求中小学心理健康教育除守好学校的主阵地之外，还要充分利用校外教育资源，密切联系家长，共同实施心理健康教育。我对杜教授协调和支持学校心理健康教育感谢还来不及呢，这序言就当作是我的衷心致谢和继续合作的新邀请函吧。

李正云

上海学生心理健康教育发展中心主任

2024年3月

序二

我从事精神医学工作已经40年之久。从1996年博士毕业后，我一直从事儿童青少年精神病与精神卫生工作，也已28年了。

1996年我刚到上海，就结识了一批朋友，他们都是来自教育界的心理学专业人士，如吴增强、李正云、傅安球、沈之菲等教授，我与他们之间的联系纽带就是上海市中学生心理辅导协会。从此，我工作的视角从医学角度拓展到了医学和教育学，我工作的策略从临床治疗、家庭康复拓展到了学校心理教育、家庭对心理问题的识别和社会康复。后来，我们合作开展了医教结合的共同研究、合作培训、预防性干预和家庭康复。这么一干，就是二十多年。

在关注儿童青少年心理健康的过程中，我深刻认识并理解到，儿童青少年的家长和老师是在他们成长过程中特别重要的两类人，是他们身心健康的主要保护者，有时家长和老师的作用甚至超过医生。

既往研究显示，家长可以从孩子出生观察到他们长大成人，纵向地考察孩子的发展轨迹，数年如一日地用自己的行为、言语、处世方式去影响孩子。所以，孩子在身体和心理方面的任何变化，都逃不过父母亲的眼睛。也就是说，家长只要稍有儿童心理卫生知识，就可以早期识别出孩子的心理问题；家长只要稍有儿童心理问题干预技巧，就可以帮助到孩子。

同样，老师也一样重要。在学校里，在班级中，与同学们相处时，老师会横向地了解、比较学生们的心理、行为变化，能够从他们的人际交往中体察出学生在日常生活中的成长。老师还可以使用比较科学的方法和手段去评估学生们的心理问题和特征，可以在设备齐全的心理辅导室对他们进行心理咨询、心理辅导和心理治疗，可以在教室里开展针对所有学生的心理健康教育课。

这样的一纵一横，家长和老师的联手就构成了儿童青少年心理健康的防护网。

在这个理念的推动下，我几年前就萌发了要撰写专门针对家长和老师的书籍，分别帮助他们学习儿童心理健康的概念、方法，使他们能够从不同的角度去帮助需要帮助的孩子。于是，我就计划撰写儿童青少年心理问题的家长手册和教师手册，并希望使之成为并蒂莲花。

在本书的撰写过程中，我得到“注意缺陷多动障碍的综合干预策略研究”（编号：2016YFC306102）研究项目的支持，在此一并感谢。

现在，教师手册终于完成了。本书的撰写者，均是来自于上海市教委授聘的上海学校心理健康教育名师（杜亚松）工作室和浦东新区杜亚松名师工作室的优秀心理辅导骨干老师以及我的同事和学生。他们用自己的专业理论知识、多年的临床实践经验、灵活有趣的辅导技巧和妙笔生花的写作，编织出了一张儿童青少年心理健康的防护网。谨以此书献给广大的学生、家长和老师们。

杜亚松

2024年3月于上海

目录

幼儿阶段

小学阶段

高中阶段

幼儿阶段

行为篇

幼儿园中的“小抢劫”：如何应对孩子之间的玩具纷争？

如何应对幼儿园孩子总是摸自己生殖器的行为？

生活篇

为什么幼儿入园哭闹不停？

为什么孩子在幼儿园不肯吃饭？

如何让不愿意午睡的幼儿度过美好的午间时光？

为什么孩子总是吸吮手指、咬衣角？

如何应对隔代教育可能带来的弊端？

情绪篇

幼儿的要求未能被满足，就大发脾气怎么办？

为什么幼儿园的孩子会因为父母离异而情绪低落？

幼儿园中的“小抢劫”：如何应对孩子之间的玩具纷争？

3岁的晨晨是班里出了名的小霸王，只要他喜欢的东西就要抢到手，要么毫不客气地将同伴推倒，要么张口就咬，孩子们都很怕他。在幼儿园的公共探索区，晨晨气势汹汹地从小伙伴手中抢过积木，大声嚷嚷："这些都是我的，你不许玩！" 在一旁的瑶瑶哭哭啼啼地向老师寻求帮助，无辜地嘟囔着："玩具是大家的，我也想玩。" 此时，老师上前和晨晨交谈，希望晨晨能和瑶瑶分享玩具。然而晨晨不但没有听老师的话，反而转身去碰掉了瑶瑶的积木，大喊："我就要玩！"

在幼儿园，争抢玩具的情况时有发生，教师如何帮助幼儿学习在交往中解决矛盾、学会分享呢？

一、了解概念

孩子在幼儿园里争抢玩具是再正常不过的事情了。由于年龄尚小，孩子们的社交认知和控制能力都还非常薄弱，他们经常会分不清玩具是自己的，还是属于伙伴的，只想抓住它就玩。这种情况下，孩子们之间很容易出现争抢玩具的行为。一旦孩子们懂得用语言或者行动来维护自己的权利，这种竞争行为也可能升级，甚至会导致孩子大哭、吵闹等不良后果。

然而，教师也不必过于担心，孩子们大多数的争抢会在一分钟之内自行解决，争抢玩具的过程也是学习自我调节和人际交往的过程。需要明确的是，这种自我调节和人际交往的过程是孩子们必须面对和处理的。如果教师和家长过度干涉或不正确引导孩子处理玩具争执，不仅会影响孩子的健康成长，还可能产生对自我的否定感和对同伴的敌视心理。

值得注意的是，看到孩子们争抢玩具时，我们往往会情不自禁地立刻上前去干预，而忽略了他们通过竞争学习的机会。作为幼儿园教师，我们需要做的不是马上去制止争抢，而是在确保孩子安全的情况下，注意观察孩子们自主解决冲突的能力和过程，思考可能的原因和对策。

二、探索原因

幼儿争抢玩具的行为，较常见的原因有以下几种。

幼儿的因素

自我中心的认知特点。幼儿主要的心理特点就是自我中心，任何事情都是从自身的角度出发，不会考虑别人的意见。因此孩子在争抢玩具时，只考虑自己对玩具的需求，而不会考虑对方也有玩玩具的意愿以及得不到玩具的失落。

语言能力和社会经验不足。受语言发展水平的限制，孩子往往不能通过语言充分表达自己的想法，而抢的动作能很快达到自己的目的。

环境的因素

幼儿园教室里如果没有为幼儿准备足够的适合其年龄发展水平的材料和玩具，孩子就会有挫败感，就有可能通过抢其他同伴的玩具来发泄这种不满情绪。

家庭的因素

家长过度的保护、迁就、溺爱会对孩子的人际交往产生不良影响，如果家长对孩子的行为有求必应，只会剥夺孩子锻炼“自制力”的机会，造成孩子自我、任性、放肆的情况。

三、教师辅导站

在幼儿争抢玩具时，教师与其当法官，暂时性地把玩具“判”给谁，不如营造安全的环境，让孩子们自己尝试解决矛盾，学会友爱、合作、公平。教师可以从以下几点做起。

提供充足的材料与空间，减少争抢行为的发生

教师在布置环境，投放材料和组织活动时尽量为孩子提供足够的空间、材料、玩具和图书等。在集体活动中，可以采取分组的形式避免孩子等待的时间过长，在提供材料时尽量保证孩子人手一份，为孩子提供更多可以选择的机会，这样孩子争抢玩具的行为次数就会减少。

提升孩子的规则意识

所谓规则感，就是能够承认“我的欲望并不是都会被满足，我需要克制自己的一些欲望”这个事实。帮助孩子了解班级规则，例如：每个人的物品归自己所有，每个人的物品都需要被尊重；不光是我，其他人也希望自己的愿望和需要能得到满足；跟大家在一起时，我要学会轮流使用和分享；有时我需要学会等待。幼儿园中，教师在活动开始前提示孩子要轮流，让孩子学习“该我了—该你了—该某某了”的语句。如果孩子争抢别人的玩具，教师可以用简洁、温和、确定的语言告诉孩子：“老师知道你想要这个东西，但别人在玩的时候，要等别人允许才可以拿”，或者使用肢体语言如摆手、摇头等表达不可以的方式告知孩子适宜的社会交往行为。孩子规则感建立得越早，在社会中因碰壁而产生的痛苦就会越小。

提高孩子的社会认知能力

教师可以把孩子抢夺玩具的情境拍摄成视频，当孩子平静下来之后，让他们回看并进行讨论，让孩子想一想，轮流说一说，他们为什么会抢玩具，如何解决等。同时利用绘本、角色游戏等培养孩子的移情能力，使孩子能够感受和理解他人的需求与情绪，让孩子感受到自己行为的后果，逐步在交往中学会理解社会规则、顾及他人的感受。

教孩子表达自己的意见

孩子只有清楚地表达自己的意愿和想法，才能更好地与同伴进行交流和玩耍，降低冲突的发生频率。同时，教师应引导孩子用语言的方式来解决矛盾与冲突，从而获得交往经验、掌握交往技巧。例如教师可以做出示范，当想玩别人的玩具时可以对别的小朋友说“我也想要玩……”或者询问“可以给我玩一下吗”，而不是通过暴力的方式获得玩具。孩子之间也可以通过情境模拟的方式，尝试面对不同的同伴表达自己的需要、倾听同伴的想法。

给孩子自己解决矛盾的机会

孩子有很多事，都是通过打架或争吵学到的，教师如果总是参与解决冲突，只会增加孩子的依赖性，削弱或剥夺他们的独立性。当孩子争抢玩具时，教师可以先假装走开，在暗中观察，以培养孩子独立解决问题的能力及责任感；如果争吵升级，立刻把玩具拿开，让孩子探索解决矛盾的方法；如果有孩子发生肢体冲突，教师必须立即制止并严肃告诉孩子不可以使用暴力；当弱势的孩子出现畏难情绪时，教师可以耐心调节并主持公道。

总之，孩子的玩具，让孩子们自己做主。当孩子争抢玩具时，教师不要急于帮助孩子解决问题，而是应该允许孩子适当竞争，鼓励孩子学习自己解决矛盾。在经历的无数次玩具争执中，孩子们实践着互相斗争、合作和分享并审视自我的过程。随着年龄的增长，他们会逐渐认识到社交行为的道德和规范，掌握解决问题和处理冲突的技能，最终变得更加成熟和稳定。

（上海市浦东教育发展研究院　国家二级心理咨询师　马天宇）

如何应对幼儿园孩子总是摸自己生殖器的行为?

幼儿园的班里总是有几个孩子会玩自己的生殖器。丁丁就是这样一个4岁的男孩，他在上集体教学活动时当着全班孩子的面摸自己的生殖器，然后还去吮吸刚摸过生殖器的手。虽然老师会制止他，但一会儿他又故伎重演。在幼儿园午睡时丁丁也总是摸自己的生殖器，在被窝里有规律地扭动身体，不一会儿就会面颊潮红，头上出汗，憋气，每次约持续1分钟到几分钟不等。他一段折腾后气喘吁吁，等折腾累了，才肯停下来。老师们常常头疼，该怎样应对孩子摸自己生殖器的行为呢?

一、了解概念

其实，教师完全不必这么大惊小怪，因为在孩子的眼中，生殖器就像手、脚、鼻子、眼睛一样，只是我们身体的一部分。生殖器在身体较为隐蔽的位置，该区域包含着多个淋巴结和敏感神经末梢，受到刺激就会产生愉悦的感觉。日常生活中的很多动作都可能刺激到这个部位，比如进行沐浴或者擦拭等动作都会产生身体的愉悦体验。幼儿时期的孩子语言表达能力有限，大多数孩子都无法忍受源自外部和内部的恐惧、焦虑等负面情绪和疼痛等感受的侵袭，倾向于通过习惯性地摸自己的生殖器来缓解痛苦并获得舒适感。对于男孩来说，手接触性摩擦可以减轻紧张和不安；对于女孩来说，则可能采取大腿闭合夹腿等方式。

几乎所有的孩子小时候都玩过自己的生殖器，这本身很正常，但有部分孩子养成了不好的习惯，一紧张就抓生殖器，或者一兴奋就揪，甚至在公开场合玩自己的生殖器，这些行为背后的原因是什么呢？

二、探索原因

孩子处于探索阶段，对自己的身体、动作、性别的好奇心非常强烈，他们玩自己的生殖器一方面是性游戏和性探索，生殖器被触碰时会有刺激的、舒服的感觉，当孩子体验到这种感觉后，会产生好奇并且想要去探索，于是就会反复去触碰。孩子由于尚没有羞耻心而喜欢裸露自己的性器官，这是他们特别的表现，孩子还可能好奇地想看看其他人的性器官。如果孩子们的性游戏只是偶然为之，不必担心，这纯属好玩和好奇，但如果过于频繁形成了习惯，那就应该考虑寻求专业帮助。

另一方面，有些孩子会用性的自我刺激来处理自己的负面情绪，对自己的身体进行摸索和探究是一种无意识的暴露表达，这可能代表了某种类型的焦虑、不安。例如，孩子进入幼儿园，他们需要学习独自吃饭，独自午睡、独立大小便、独自寻找朋友……面对无法解决的难题，他们也许会感到困惑、害怕或不知所措。教师的关注比不上亲人的陪伴。也许孩子在午睡时偶然探索自己身体的构造，一点点的探索使他们获得了些许的舒适感，慢慢地，这样的经验增加后，他们似乎便找到了快乐的阀门。

还有些家长对孩子的性教育观念薄弱，这往往会给孩子对性的理解和认知带来困惑。当孩子出现了玩生殖器这类行为时，有些家长可能倾向于否定这种行为，也有部分家长会过度压抑和恐吓幼儿的性探索行为，这两种方法都难以支持孩子的正常生理成长，甚至会破坏掉孩子应该拥有的安全保护和自由空间。

三、教师辅导站

自慰对孩子而言可能是缓解压力最方便、最舒服、最有效的方式，教师们不要显得过于惊慌、嫌恶或者严厉责备，可以试着这样处理：

首先，语气平和、眼神坚定地制止，并把他的手悄悄移开，或紧捏他的手，摇摇头，让他停止这种触摸行为。千万不要表现得大惊小怪，过于生气或好奇，但也不要笑哈哈的，让孩子觉得好玩，而是要试着去转移他的注意力，正确引导他的行为。通过眼神暗示—行为阻止—转移注意力—语言提示等方式，让孩子做到不在公共场合摸自己的隐私部位，不能去碰别人的隐私部位，绝不能让别人来碰自己的隐私部位。当有小朋友做出类似触摸生殖器的举动时，教师可以提示旁观的孩子告诉那个触摸生殖器的孩子“别这样，我讨厌你这样做”，通过启动羞耻意识让集体助推孩子保护自己身体的隐私，但千万不可用惩罚、责骂、讥笑等方式伤害孩子的自尊。教师还可以教孩子注意力转移的方法，比如说每当有这样的想法了，可以自己右手握左手，或者摸摸耳朵、鼻子，用这类方法转移注意力。

其次，多进行家校沟通，向孩子的家长了解近期是否有让孩子感到焦虑、孩子希望获得关注、亲子间关系出现问题等情况发生，给予孩子足够的关爱；建议家长不要让孩子穿得太多太热，内裤应宽松舒适；或可以到医院检查，明确是否存在蛲虫病、外阴湿疹等；也可以建议家长控制电视和网络内容，注意检查一下家里的媒体环境，是否出现了一些不适合孩子观看的电视和网络内容。

此外，适当增加孩子的体育运动量和运动频率，保证每天的户外活动时间不少于2小时，其中体育活动时间不少于1小时。进行探索性的运动，如快走、奔跑、跳跃、攀爬等运动，季节交替时要坚持，以便孩子卧床后能很快入睡。

我们还需要真诚地与孩子聊聊性。教师要教会孩子哪些身体部位属于隐私部位，给孩子演示什么样的触碰、抚摸是好的、是可以的，什么样的是不可以的。有时，教师可以借助一些绘本资料配合讲解。例如丹麦作家迈普里斯・安徒生的绘本《呀，屁股》，以风趣幽默的方式介绍了所有关于屁股的构造，帮孩子认识屁股是自己身体的一部分隐私，只有自己才能看，且不能随意去摸别人的。美国作家珊蒂·克雷文的绘本《不要随便摸我》，也给孩子强化了一些必须坚守的“底线”，如果有人要看、触碰自己的隐私部位，一定要说“住手！我不喜欢你这样做”，并告诉大人，给孩子强化保护好自己身体的概念。

最后，我们也要注意，当孩子的行为不再是“无害的好奇”时，就应该及时转介专业的医疗或心理机构干预，否则就可能进一步引发包括欺凌和过早性行为在内的一系列问题。如果发生以下情况，教师要引起足够的重视。

- 行为频繁、很难被转移注意力
- 引起情绪上的痛苦或身体上的疼痛，或给自身或他人带来身体上的伤害
- 伴随发生打人等攻击性行为
- 模仿成人的性行为动作

孩子探索自己生殖器是正常的行为，千万不要表现得大惊小怪，在保护孩子好奇心的前提下，教师最好的处理方式就是适度忽略以及不着痕迹地转移孩子的注意力，让孩子手上有事情做。相信随着孩子逐渐成长，孩子的心理承受能力越来越强，处理情绪的方式越来越多，自然会减少甚至摆脱通过自慰来缓解负面情绪的方式。但是，如孩子出现过于频繁、强烈或恶性地摸玩生殖器的行为，影响正常的学习和生活，则需要加以干预，并进行原因的梳理和评估，找出成因并采取适当的干预措施，防止相关问题进一步发展激化，确保孩子得到充分的保护。

（上海市浦东教育发展研究院　国家二级心理咨询师　马天宇）

为什么幼儿入园哭闹不停?

妙妙是刚刚进入幼儿园小班的孩子，每天早上，妈妈送她到班级门口，告诉她:“宝贝，再见!”她就开始上演年度“悲惨世界”的大戏，拉着妈妈的手，要往回走，哭着说:“我不要上学！我要回家!”当看到妈妈转身离开时，整个人就更是使出浑身的力气，声嘶力竭地大哭，有时候教师把她抱进教室，她还用更大的劲儿进行抵抗，不愿进教室。本来教室里有几个小朋友已经开始静静地玩玩具了，见到这一场景，有些小朋友也跟着哭了起来。教师原本刚安抚完一批孩子，这样一来，哭闹的孩子更多了。到了午饭时间，妙妙看到饭菜也要哭，不肯吃饭。妙妙和同学们有时候哭得很久，影响了教师上课和外出活动的节奏。

教师们对妙妙其实是非常有耐心的，会邀请她和同学们一起参加角色扮演的活动，一起做游戏，一起唱歌，一起搭积木……可是妙妙始终不肯参加，还是在旁边伤心地哭着。

一、了解概念

妙妙在入园时所表现出来的不适应状况，在心理学上称之为“分离焦虑”。分离焦虑，特指孩子与某个亲密情感联系人（如父母或主要照看者）分离时，产生焦虑、不安、恐惧、不愉快的情绪反应，出现害怕和哭泣的行为，这是一种正常的心理反应。

孩子第一次离开父母等亲人的怀抱，来到幼儿园这个陌生的环境，可能会产生恐惧、不安、焦虑、紧张的心理，他们通过哭闹行为表达自己的心理活动。

分离焦虑是情绪发展的一个正常阶段。这种分离对孩子未来发展和成长是重要的，也是必须经历的一个环节。

焦虑会引起孩子生理上的应激反应，长时间焦虑，容易使孩子抵抗力下降。刚入园的孩子常常很容易感冒、发烧、肚子疼，等等。他们整日缠住父母，不断要父母注意自己，有时会担心父母发生意外，担心意外灾难会使自己与父母失散，或害怕自己离开父母后会被拐走。他们到幼儿园后哭闹，不主动与其他小朋友交往，甚至表现出头痛、腹痛、恶心等躯体症状。长此以往，肯定会对孩子正常的生活、学习造成很大的影响，需要及时治疗。

二、探索原因

心理因素

孩子害怕分离，害怕父母或主要照看者的突然消失，害怕见不到这些熟悉的人，内心有不安全感。

对于刚入园的孩子来说，开学实在是难以招架的压力，仿佛觉得只要离开父母或主要照看者，就会失去爱的保障。偏偏孩子对爱的感觉具体又直接，他们只有觉得自己被喜欢、被照顾、被呵护，觉得温暖、安全和体贴，才会有爱的感觉。一旦父母或主要照看者不在身边，他们就会觉得父母或主要照看者不爱自己了，便会顿时感觉失去了最重要的保障和依靠。

家庭因素

在与孩子的日常交流中，家庭成员，尤其是父母或主要照看者，向孩子传递着焦虑，如愁眉苦脸地说："宝宝，你要去幼儿园了，那里的菜肯定没家里的好吃，你肯定要饿的。”

有些家庭成员没有接纳孩子的情绪体验，当孩子向家长表达“我不想上幼儿园”“我觉得上幼儿园不开心”时，不以为意，回应道“这没什么好哭的”，或者严厉呵斥等。

有些家庭成员破坏了孩子对幼儿园美好的想象，认为幼儿园是一个不愉快的地方。比如对孩子说：“你不乖，我就把你送到幼儿园去。”

环境因素

很多孩子从小是家里的“小公主”“小王子”，生下来就有来自各方的宠爱，家中的玩具很多，饭菜可口。到了幼儿园这个陌生的环境里，他们并不是唯一的焦点，没有最爱玩的玩具，没有最爱吃的菜肴，适应起来有一定难度。

人际互动模式因素

孩子进入幼儿园后，身边的人从父母或主要照看者变成了教师、同学，人际交往的对象发生了很大变化。孩子要去适应与教师和同伴的交往，适应幼儿园的集体生活，使自己的言行举止更规范，这对刚入园的孩子来说有一定的挑战性。

从众因素

从众现象，即个体在群体的影响或压力下，放弃自己的意见或违背自己的观点使自己的言论、行为保持与群体一致的现象，即“随大流”。孩子本来没有哭，在听到旁边同学不停哭闹要妈妈时，就开始眼泪汪汪，不一会儿就忍不住跟着大哭起来。

三、教师辅导站

对于幼儿园里这一常见而又容易使教师们头疼的现象，提供以下方法供教师们参考。

接纳孩子的情绪

首先，教师需要接纳孩子的情绪，可以先到他的身边，询问孩子：“你哭得那么伤心，是怎么了？”教师耐心倾听孩子回答，同时给予安抚，如微笑、拥抱，或轻拍后背，会让孩子感到更温暖。

分工合作再汇合

其次，当班级里孩子有些哭闹，有些不哭闹时，带班教师需要和另一名配班教师分工负责。负责哭闹孩子的配班教师，主要通过带他们玩玩具、认识新朋友、和小伙伴做游戏转移注意力；负责不哭闹孩子的带班教师，则充分带孩子们感受幼儿园的快乐。然后，等哭闹孩子情绪大部分稳定之后，可以让他们一起参与到互动的活动中来。哭闹特别厉害的，可以另外安排教师单独陪伴和安抚。

对那些能融入新活动的孩子，及时给予奖励，如小红星、小贴纸等。

营造温馨环境

除了情感上的接纳外，教师们营造温馨的氛围很重要。教师们可以让刚入园的孩子们带上最喜爱的玩具，来增强安全感。

将一部分活动区域布置成“家”的环境；将孩子的全家福、班级集体照放在一起，加深孩子对“同一个集体也可以成为一家人”概念的理解。

组织丰富活动

教师们还可以通过组织丰富的活动，让孩子们爱上幼儿园的生活。如一些比赛类的活动，可以提高孩了们的白信和积极性。

本领技能类：如穿衣服、叠衣服等。

亲子互动类：如树叶拼图、捏彩泥等活动。

此外，还可以组织充满趣味性的活动。

趣味活动类：吹泡泡活动、角色扮演等。

学习观察类：消防员叔叔来园、军人叔叔来园、儿童剧演出等。

互动体验课堂：制作月饼、汤圆，父亲节、母亲节时制作贺卡、鲜花等。

家园互动

最后，教师需关注爱哭闹孩子的变化与成长，及时与家长沟通，形成良好的家园互动，给父母们支支招。让父母们对开学时孩子的分离焦虑有心理准备，接纳孩子的情绪；在上幼儿园这件事上的态度要坚决，同时给孩子安全感，如告诉孩子：每个小朋友都是这样的，就像爸爸妈妈去上班一样；可以让父母提前带孩子到幼儿园参加开放日活动，熟悉幼儿园环境；建议父母在家多带孩子阅读有关幼儿园的绘本，如《魔法亲亲》《我爱幼儿园》《幼儿园里我最棒》等。

孩子在刚入园时有分离焦虑，是很正常的，其中一定有些悲伤的成分，但只要教师和家长都能接纳他们的情绪，教师和家长共同、多角度地给孩子安全感，尤其是教师可以在校园中营造温馨环境、创设各类丰富多彩的活动，让孩子们在体验中获得自信、快乐、温暖、成长的感受，他们很快会爱上幼儿园的生活！

（上海市杨园中学　国家二级心理咨询师　凌晓霞）

为什么孩子在幼儿园不肯吃饭？

安安是一名刚进入幼儿园小班的男生。到了幼儿园的午饭时间，其他小朋友开始吃起香喷喷的午饭时，安安却总只是手拿着勺子，一直没有吃一口饭。老师提醒后，他还是不肯吃。老师想到了奖励的办法，告诉安安，如果他能吃掉一半，老师就奖励他五角星，他依然无动于衷。直到其他小朋友都吃完，饭菜全部冷掉后，安安依然不肯吃。

老师们认为这是孩子的适应问题，刚开始是这样，过几天应该就会好了。可是，这样的情况持续了好几天，安安始终没有吃过午饭。老师们也很着急，因为孩子在幼儿园里的活动量还是很大的，长期这样下去，会造成营养不良，对孩子的生长也是有影响的。老师们有时候会给安安小点心，但他最多也就吃一块小饼干。再后来，快到中午吃饭时，他会出现干呕的情况，同时还是不愿意吃午饭。

老师询问安安原因，可是安安性格内敛，也不愿多说什么，只是说："觉得肚子不饿，不想吃。"每次聊到吃饭话题时，安安就愁眉苦脸的。老师通过观察发现，和开学初相比，安安其他各方面都已经渐渐地适应了幼儿园的生活，目前就是吃饭这个问题一直没有得到解决。

一、了解概念

对刚读幼儿园小班的安安来说，上幼儿园很有可能意味着第一次离开家，第一次去到一个陌生的环境，第一次接触那么多小朋友。这时他就会表现出入园分离焦虑，这是一个正常的现象，大部分孩子都会经历。产生分离焦虑的孩子会表现出焦虑不安，哭闹不停，不吃饭或者是不讲话等行为。这样的行为严重的话会影响他们的身体和心理健康，同时也给家长带来担忧。

众所周知，幼儿时期是人一生中生长发育的关键时期，每位家长和教师都希望孩子们能够健康成长，这需要有充足的营养为前提。幼儿园教师有帮助孩子顺利度过分离焦虑期的责任。

幼儿时期的孩子大部分时间是在幼儿园里度过的，幼儿园生活中的进餐环节显得尤其重要。这一环节的设置，不但有助于孩子养成良好的进餐习惯，还有利于培养孩子生活、学习的自理能力，从而让孩子的身心得到均衡的发展，同时还有助于班级生活常规的建立。

二、探索原因

孩子不肯吃饭可能与以下因素有关。

心理因素

孩子刚进入幼儿园，还处于分离焦虑期，可能想念自己的家人，心情低落，通过“不吃饭”的方式表达自己的情绪。

孩子认为“吃饭”是一件不愉快的事情，可能是因为孩子经常在吃饭的时候被家人批评指责等，产生了消极情绪，从而导致了食欲减退，不想吃饭。

孩子对于“吃饭”这件事一直很有心理压力，可能平时家人习惯强迫他吃一些东西，反复地叮嘱他“饭要吃完，不然就不乖”等，因此孩子会通过“不吃饭”来表示他对这些控制的反抗，因为其他的事情他无法做主，而是否吃饭他是可以做主的。

生理因素

中医认为“脾乃后天之本”。如果孩子脾不好，通常表现为食欲差，不想吃主食，挑食。

小儿积食也会引起食欲不振、厌食、呕吐等症状。积食是指中医的一种病症，主要是指小儿乳食过量，损伤脾胃，乳食停滞于中焦所形成的胃肠疾患。

身体的不适，比如感冒发烧、喉咙发炎、口腔溃疡等疾病，也会导致食欲差，不想吃东西的情况发生。

行为习惯因素

孩子的家人平时可能通过以下方式进行喂养，以达到让孩子吃饭的效果。

哄吓喂饭法：孩子不好好吃饭，家长就采用哄骗、吓唬等方法，比如“不吃饭的孩子长不高”“吃完这些饭，你会长得比妈妈还高”等。

许诺喂饭法：为了哄孩子吃饭，家长给孩子许下承诺，比如答应给孩子买新衣服、好吃的等，有些孩子便抓住机会，趁机提出其平时无法被满足的条件。

游击喂饭法：孩子不愿坐在餐桌前用餐，家长只好端着饭碗跟孩子“打游击”，这儿吃一口，跑了，再追到那儿，吃一口，又跑了……有时喂一顿饭要追好长一段路。

陪玩喂饭法：孩子专注地玩，家长在一旁劝饭。吃一口，玩一会儿，有时要请家长陪他玩，否则就不吃饭。

一些孩子对家长的依赖性很强，而到了幼儿园需要独立就餐，就采取拒绝用餐的方式，希望继续还原家中的喂饭模式。

三、教师辅导站

遇到这样的情况，教师可以怎么做呢？

觉察孩子的就餐情绪

教师应树立健康的教育观念，不仅要注重孩子的身体健康，也要关注孩子的心理健康。

比如教师可以走到孩子的身边，蹲下身子，轻轻抚摸着孩子的头，关心地询问他："为什么不吃饭啊？"孩子可能回答："我想妈妈了。"这时，教师可以抱住孩子，接纳他当下的情绪，说："哦，原来是想妈妈了。那我们先把饭吃好，下午妈妈就会来接了，好不好？"当孩子的情绪被看见后，通常他们会"温柔"下来，开始吃饭。同时，在询问孩子原因后，借拥抱给予孩子安慰，接纳他的情绪，可让他加入就餐队伍。

如果询问下来，发现是因为孩子把"吃饭"看作一件不愉快的事，或者有压力的事情，那么在之后的日常教学中教师可开设一些活动来提高孩子对饮食的兴趣，培养正确的饮食观念。

与孩子家长及时沟通

教师将孩子在幼儿园的就餐情况如实告知家长，同时表达对其生长发育的担心。下面提供一些可操作性较强的方法给家长：

1. 营造快乐的家庭用餐氛围。

2. 可通过和孩子读相关绘本及百科全书、制作美味食物、奖励等方式激发孩子对美食的热爱。

3. 带孩子就医，进行针对性的治疗，如果是脾胃虚弱引起的原因，可以尝试通过中医的方法进行调理，如艾灸。

4. 培养孩子合理饮食，不暴饮暴食。

5. 培养孩子独立就餐习惯，不包办代替。

开设辅助活动

组织美食DIY活动：让孩子洗干净小手后，自己参与做各种彩色的小圆子、面条等小点心。全程参与的活动，一定会使孩子们感到很快乐，而且还能吃到自己亲手制作的美食，他们也会很兴奋。

带领孩子阅读食育绘本：教师带领孩子阅读食育绘本，比如《公主不爱吃饭》《我爱吃蔬菜》《我不吃》《爱吃青菜的鳄鱼》等，不仅能够培养良好的阅读习惯，也能够在潜移默化中为孩子们树立正确的饮食观念。

开展“食物”主题的活动：教师可以组织“我最喜爱的食物”的主题小广播活动，或用彩泥、超轻黏土制作美味大餐等。

实行就餐情况的鼓励制度：在就餐期间，当孩子就餐情况好转，教师需要及时地进行鼓励和肯定；如果有孩子能够做到“光盘行动”，也要予以鼓励，让他们起到榜样示范的作用。

孩子在幼儿园不肯吃饭，这个现象背后的原因，需要教师和家长多角度地进行思考，并及时进行有针对性的干预。相信通过大家共同的努力，这样的情况一定会慢慢好转，孩子的生理和心理也会越来越健康！

（上海市杨园中学　国家二级心理咨询师　凌晓霞）

如何让不愿意午睡的幼儿度过美好的午间时光？

每天的午睡时刻，5岁的乐乐总是彻“午”难眠。他时而在幼儿园的小床上表演杂技——用身体摆出各种造型，把床板弄得咚咚作响；时而起身坐在床上东张西望，向老师告状哪个同学没有闭眼；时而又频繁要求上厕所；时而嘴里发出哼哼唧唧的响声，吵得其他孩子无法入眠。老师走到他的床边提醒后，他会躺下睁着懵懂的大眼睛一脸无辜地看着老师，一旦老师走开，他又开始捣蛋。那么，午睡对孩子来说是必需的吗？孩子不愿午睡到底要不要管？怎么管呢？

一、了解概念

午睡对孩子来说并不是必需的，但是它对于孩子的身心健康具有非常重要的作用。医学研究表明，适当的午睡能够帮助补充睡眠不足，改善身体内部的生理节律，增强免疫力，健全大脑的神经连接，有利于孩子智力的发育。

根据美国睡眠医学会的推荐，不同年龄段儿童所需的睡眠时间各有不同。对于3～6岁幼儿来说，由于大脑快速发育和高强度的学习任务，每日需保证约10～13小时的睡眠时间，其中包括午睡。午睡可以及时调节身体和头脑的疲累程度，提高思维和认知水平，并保证孩子有充沛精力参加下午的活动。

同时，研究表明午睡能够帮助调节儿童体温、心率和呼吸等机能，在促进幼儿健康上有着积极的作用。此外，行为统计数据也显示，与不喜欢午睡的孩子相比，爱睡午觉的孩子普遍状态较好且精力充沛，在其他日常学习任务上表现得更优秀。

二、探索原因

幼儿园孩子不愿意午睡实质上是多方面因素综合作用的结果。

午睡习惯

有些孩子在家里生活不规律，没有养成午睡习惯；有些孩子需要由大人陪着一起睡才能睡着；有些孩子纯属贪玩，有了困意还是撑着不睡觉，类似于成年人的“报复性熬夜”。

外界干扰

3～6岁年龄阶段的孩子神经抑制功能不完善，注意力很容易受到外界干扰，外部的一点风吹草动就可能分散孩子注意力，造成入睡困难。如果孩子总是被睡眠场所的光亮、声音吸引，那肯定无法安静入睡。睡前做剧烈活动或饮食不合理（午餐吃得过饱），也会造成孩子身体不舒服、难以入眠。

环境适应

初到幼儿园的孩子因为环境的改变而感到不适应，生理和心理都需要一定的适应时间。刚进入幼儿园的孩子对环境还没有充分熟悉，安全感不足等会引发孩子一系列的焦虑情绪，因此心理的负担也会导致身体上有别于平常的反应。

身体疲劳度

一些孩子上午的运动量不充分，导致体能过剩；有的孩子早上起得比较晚，到幼儿园午睡的时候，还没有困意。

情绪影响

焦虑和恐惧也会影响孩子的睡眠。很多孩子会害怕黑暗，怕有什么吓人的东西在屋子里，怕做噩梦。

三、教师辅导站

想要营造温馨的午睡环境与氛围，教师可以尝试以下的方法。

陪伴

教师尽量坐在孩子身边，时刻关注，制止其发出噪音。教师可以轻抚孩子的脑袋，轻拍孩子的背部，提醒他睡不着没有关系，闭上眼睛休息一下，不要给他太大的午睡压力。冥想法可以帮助孩子学习放松，戴上眼罩，闭上眼睛想象海边沙滩或者森林的画面；还可以用一段舒缓的音乐或一个舒缓的故事引导孩子入睡；渐进式肌肉放松法可以从脚开始，尽可能紧绷，保持10秒，然后放松，像这样依次紧绷、放松每一个肌肉群。

建立良好的入睡习惯

教师每天安排固定的午睡时间、地点，在睡觉之前留出一段“过渡时间”。孩子午餐后可以在校园散步晒太阳，不要做那些令人兴奋的事情，比如运动、看恐怖的视频、玩游戏等。教师在孩子午睡前一定要提醒孩子上厕所，以降低生理需求对午睡的干扰。有的孩子在家里习惯了小玩具、小毯子等安慰物的陪伴，可以让孩子抱着安慰物入睡，在建立安全感后，慢慢摆脱对物品的依赖。

改善午睡环境

睡眠时环境要安静，午睡室要拉好遮光窗帘或百叶窗，入睡前关掉所有灯源，保持午睡室的完全黑暗，即使是少量的光线也会影响睡眠。控制好温度，午睡室温度夏天应保持在26℃～29℃。保持室内空气流通，同时避免对流风直接吹向孩子。房间的湿度保持清爽，被褥要轻软并定期更换，或者将被子叠起来，让空气能够接触床铺，从而避免夜里形成的湿气使身体不适。

情绪调整

如果说孩子总觉得黑暗中有什么可怕的东西，教师就可以带着孩子看看床底下，让他们知道没有什么东西在床下，或者带着他们在房间的各个角落慢慢观察，让他们自己去感受，明白周围是安全的。

家园沟通

孩子的午睡习惯不仅需要教师的培养，还需要家长的配合。教师可以跟家长沟通孩子的睡眠情况，要向家长说明午睡对孩子身心发育的重要作用，建议周末和节假日孩子在家庭中的作息与幼儿园保持一致。家长需要督促孩子早睡早起，按时睡午觉，帮助孩子建立规律的生物钟。

顺其自然

如果孩子已经习惯了不睡午觉，而且精神充沛、情绪愉快、进食和生长发育也不受影响，可能是因为他的大脑发育成熟、精力旺盛，教师不必强行要求他睡着，可以由专门的教师陪伴，让孩子在阅读区读书、画画或者安静玩耍，等孩子疲劳了自然就会午睡。如果强制规定其午睡，对孩子来说等同于长时间的限制性活动，长时间的静止不仅不能让孩子得到休息，还会影响其他孩子午睡的质量。

总之，午睡是孩子生长发育的加油站，教师们需要关注孩子的个体特点、营造良好的睡眠气氛，和家长携手，一起调节孩子的生物节律，让孩子享受午间的时光！

（上海市浦东教育发展研究院　国家二级心理咨询师　马天宇）

为什么孩子总是吸吮手指、咬衣角？

轩轩是位幼儿园中班的小朋友，最近教师在上课时发现，他听着听着，开始吸吮手指；在自由活动、睡午觉的时候，他也会不由自主地把手伸到嘴巴里去，有时候还会咬衣角。教师提醒他“手上有细菌，不要放在嘴巴里”后，他说：“好的，老师。”他拿出手指后，能明显看到手指上的皮肤被吸得发皱、发白；手指头上的指甲都长不长了。但是，过一会儿，他又把手指放进嘴里了。他的衣角也总是看着湿湿的、破破的，很明显有经常被咬的痕迹。

老师也找轩轩沟通，告诉他这样不卫生，长期如此可能会对身体造成伤害。他也知道这样做不好，爸爸妈妈也说过好几次了，自己也很想改变，但总是不自觉地会这样去做，自己也不知道是为什么。不一会儿，他又一次开始把手放进嘴里，偷偷地重新咬起衣角。如果一看到这个情况就马上提醒他，他好像就更加紧张，吸吮手指、咬衣角的频率也越来越高。

一、了解概念

吸吮手指、咬衣角这一行为是否正常呢？

人在不同时期的发育状况是不同的，我们需要分情况来看待。

对于0～1岁的婴儿，他们的吮吸是一种原始的本能反射。刚出生的他们，用嘴探索和感知周围的世界。通过吮指，婴儿不仅会感觉身体舒适，还会获得心理满足。吸吮手指现象在孩子身心发展过程中是不可缺少的，到了一定年龄会自行消退。一般而言，3岁前吸吮手指可被看作正常现象。

如果4岁以后出现吸吮手指的情况，类似的还有咬衣角、被角等，则需要引起足够的重视。以吸吮手指为例，一般情况下，先考虑孩子是否有发育和营养方面的问题，到医院做微量元素（如锌、铁）测试等检查。若有，则进行相关治疗；若无，则考虑心理因素。

4岁以后，如果“总是吸吮手指”，可能有以下危害：由于手上有细菌和有害物质，吸吮手指会将这些东西带入体内，容易引起肠炎、细菌性痢疾、蛔虫病等胃肠道疾病，危害健康；吸吮手指时间久了，会使手指头局部皮肤发皱、发白，甚至破损、感染，严重者手指关节变形，影响手指肌肉的发育；会使牙床畸形、出牙不齐、嘴唇外翻，影响发育和美观；此外，还会因经常被同学取笑而产生自卑感，影响心情。

在幼儿园内，发现轩轩这样的现象，需及时给予他们帮助、给予家长建议。

二、探索原因

孩子总是吸吮手指、咬衣角方面的现象，主要和以下因素有关。

生理因素

通过检查了解孩子是否有微量元素（如锌、铁）的缺乏。

心理因素

早期不恰当的环境或教育因素可能会导致吸吮手指的行为。著名心理学家弗洛伊德的经典精神分析观点认为，人在“口欲期”（出生到1岁）的快感来源于口唇吸吮的感觉，无论吸吮乳头还是手指，都满足了心理结构中的“本我”，喂养方式方法不当或不够造成其通过吮吸手指来补偿儿时未得到满足的感觉。也就是说孩子口欲期没有得到满足，现在通过“吸吮手指”做补偿。

从情绪理论的角度，行为问题的背后往往存在着未处理的情绪。孩子因情绪上的困扰而产生吸吮手指、咬衣角等行为。他们通过吸吮手指缓解紧张焦虑，释放不安、矛盾等情绪，常见于压力过大、无人陪伴、内心孤独、受人欺负、担心家人的亡故、担心家人不够爱他、害怕心爱的玩具丢失、害怕独自一人在家、遇到难以处理的困境、父母期望值过高、父母管教不一致、父母关系破裂、父母产生冲突……

孩子以往的心理储备不足以提供保护，就寻求更为直接、简单的方式获得心理上的支撑。他发现吸吮手指有安抚作用，于是借此回避痛苦、自我慰藉。这就是孩子吸吮手指等行为的获益之处。由于这种自我保护行为比较幼稚，心理学中将其归为一种“退行性”的防御方式。

其他因素

另外，还有以下因素也会导致孩子出现吸吮手指、咬衣角等情况。

1. 活动量不够多，感觉统合异常。

2. 无聊或正在处理困难的事情而需要打起精神。

3. 模仿他人吸吮手指行为，比如父母或兄弟姐妹。

4. 不良的卫生习惯，如不注意定期修剪指甲等。

三、教师辅导站

教师遇到此类情况，可以尝试通过以下方法来应对。

及时与家长联系

首先，教师向家长了解孩子在家的吸吮手指、咬衣角等情况，同时结合幼儿园内的情况，提供给家长以下建议。

1. 去医院检查微量元素是否缺乏，若有，则进行相应的治疗。

2. 关注孩子行为背后的心理原因，敏锐地发现孩子的内心需求，并及时地给予回应。比如恰当地给孩子一些积极的关注，陪孩子做手工、画画，营造和孩子共同交流的温馨氛围。

3. 当孩子出现吸吮动作时，可以轻拍他的手背，及时提醒，态度温和、有耐心。

4. 如果吸吮动作有所减少，要适当予以奖励。应注意孩子已取得的进步。

5. 带领孩子做亲子阅读，如儿童情绪管理方面的书籍等，在培养阅读好习惯的同时，了解情绪管理的好办法。

6. 定期给孩子修剪指甲，防止指甲感染和表皮损伤。

7. 以上方法尝试后，如若效果不佳，可寻求专业心理医生、心理咨询师的帮助。

积极关注，丰富活动内容

教师在幼儿园内，要多关注这样的幼儿，比如请他给教师当“小助手”；鼓励他积极参与活动（比如双手操作的游戏，如黏土、玩沙、攀爬或组装积木等）；安排每天一小时的大肢体活动时间；安排精细的操作活动，给予孩子充分的指尖触觉刺激，如撕贴画、抠贴圆点贴纸等。

不要强化孩子的这些行为

教师们需要注意的是：当孩子表现出吸吮手指这类行为时，教师可以选择不做评价，如果总对他说“别吸吮手指了”，反而成为了负强化。他没有吸吮手指的时候，也不用刻意说：“你刚才没吸吮手指，表现真不错！”这样做，虽然在表扬没吸吮手指的行为，但反而也是在强化他“吸吮手指”这个观念。所以，教师可以选择暂时忽略这类行为，不予以强化。

进行绘本阅读

最后，教师们也可以给孩子们进行绘本阅读，帮助孩子改掉吸吮手指等坏习惯。因为绘本中的画面生动形象，语言精练、通俗易懂，能够激发孩子的阅读兴趣。绘本中的小朋友都有类似的情况，比如喜欢吸吮手指等，孩子们不会抗拒。

通过阅读绘本，比如《大拇指，真好吃》《我不再吃手了》《今天开始不吃手》《我不再咬指甲》等，在潜移默化中，帮助孩子改掉吸吮手指的习惯。

在纠正孩子吸吮手指等不良行为时，需要教师和家长共同配合，双方都要采用耐心的态度，持之以恒。切忌使用简单粗暴的方式，如嘲笑、打骂、强制的手段，这不仅于事无补，反而还会带来副作用。希望以上方法能有助于孩子相应症状的改善。

（上海市杨园中学　国家二级心理咨询师　凌晓霞）

如何应对隔代教育可能带来的弊端？

小宝是一名幼儿园大班的小女孩，却还是没有基本的自理能力。家中有四个老人围着小宝，当她是家里的掌上明珠，对她可娇惯了。小宝的妈妈也经常说，孩子在家特别有主见，一有不顺她意的事就会发脾气。每天起床后，家里老人赶快把牛奶给她准备好，还哄着她喝下去；晚上11点小宝还要吃宵夜，缠着外婆喂她吃饼干、喝酸奶。而小宝的这些“无理”要求，在老人面前都一一得到了满足，即使老人刚开始不答应，也禁不住小宝的撒娇。

在幼儿园里，小宝也特别依赖老师，一句“老师，我不会”成了她的口头禅。一天中午吃饭的时候，小宝坐在椅子上，两手一甩，不愿意自己吃饭。老师多次鼓励她，但她仍然一动都不动，就是不愿意自己独立吃饭。老师也拿她没办法，只好坐在她旁边，一口一口喂她吃。

当不顺心意的时候，小宝就会随意发泄自己的脾气。在一次角色游戏的时候，由于她想扮演的角色被其他小朋友先拿了，她就一边哭闹，一边在地上打滚，老师的安抚也起不了作用。面对这样的孩子，老师也束手无策。

一、了解概念

小宝就是隔代教育下的孩子，隔代教育是指年迈的祖辈代替了父母的角色，扮演着孩子的主要教育者，在教育方法和思想上与父母有所不同。

隔代教育因为受到老人们的生活经验和价值观的影响，往往强调传统文化和道德教育，与父母关注孩子的实际问题和现实技能不同。对于老人来说，他们会以自己的经历和故事教导孩子们如何做人做事，这也是隔代教育的一大特点。

然而，隔代教育也存在着一些问题。由于老人的价值观和时代背景与现代社会不完全符合，他们给孩子的教育往往过于保守，甚至有些古板，无法与现代社会的发展和进步同步。不恰当的隔代教育方法，会导致孩子特别依赖大人的帮助，这也就是隔代教育所带来的弊端。因此，在隔代教育中，往往需要平衡教育的传统和现代化，让孩子能够接受到既符合传统文化，又切实适应现代社会的教育。

二、探索原因

不科学的隔代教育确实是会引起不小的问题，对孩子的成长也有一定的阻碍。那么，为什么隔代教育会带来弊端呢？

代沟问题

隔代之间确实存在代沟，即不同年龄、文化背景和社会经验的群体之间的鸿沟。在隔代教育中，老年人和年轻人之间的代沟会影响到老年人对孩子的理解和教育方式。一些老年人可能过于固执己见，甚至有些保守，不愿意接受年轻一代的新思想、新观念和新文化。这种代沟会限制年轻一代的自由发展，甚至可能导致孩子的逆反。

教育方式不当

隔代教育中最大的问题之一，是老年人的教育方式和观念与现代社会的需要和发展相脱节。随着科技发展，社会风貌的多元化以及孩子教育的全球化，孩子的成长需要更加多元和开放的教育方式。而老年人往往将传统、规矩和传承看得比孩子的发展更为重要，这会限制孩子的思维和个性的自由发展。

时代背景不同

老人对世界的认识和理解，是在某一特定的历史背景下形成的，其价值观和教育观念也可能受到过去的传统文化所影响。然而，现代社会的变化和多元化对于年轻人而言是不可避免的，如何正确引导孩子应对这些变化是一项重要的社会任务。隔代教育中若老人不能正确理解当代社会的需求，就难以给孩子提供适宜的教育。

传统教育模式弊端

在隔代教育中，老年人往往将道德和规范教育视为教育的核心，而将孩子个性的发展和自主能力的培养放在次要位置。这种做法可能对孩子的个性发展产生负面影响，影响到孩子身心的健康成长。因此，我们需要在隔代教育中，改变传统教育模式，注重孩子自主创新的思维和能力的培养，让孩子的综合素质得到提升。

三、教师辅导站

隔代教育有利有弊，我们应当趋利避害，教师也要发挥指导作用，指导家庭如何进行更好的隔代教育。

提高教师指导隔代教育的水平

首先，教师需要加强学习隔代教育的先进理念，比如亲子教育与隔代教育应当相融合，既要满足孩子的个性发展，又要培养孩子的规则意识和自理能力。

其次，教师可以在隔代教育指导上“双管齐下”，同步指导。在指导内容上，既加强对祖辈家长的指导，也要加强对父母育儿责任心的指导；既要解决好家庭教育中亲子教育与隔代教育各自的地位与关系，也要处理好教育子女过程中父辈与祖辈如何合理分工与合作。

最后，教师可以多多呼吁父母家庭教育责任的回归。把父母对家庭教育应尽的基本责任细化成一些可操作性的措施，在隔代教育家庭中规范父母亲自教育的具体行为。

采用赏识教育，指导家长关注幼儿的进步

隔代教育的孩子在祖辈家长的一手包办下，通常各方面能力较弱。教师可以指导祖辈家长，采用赏识、激励的教育方式，收集幼儿的点滴进步。如，夸夸孩子："宝宝吃饭进步特别大，都不需要老师帮忙了呢！"让幼儿体验进步后被他人肯定的喜悦。也可以采用示弱的方式："宝宝特别会整理玩具，你能帮我把玩具送回家吗？"让幼儿有一种帮助他人的自豪感和满足感。当他们进步了或者独立完成某件事的时候，及时对他们的进步予以肯定和强化，可以不失时机地表扬激励，增强其自信心，让隔代教育的孩子能够独立自主，不再依赖祖辈家长的帮助。

发挥幼儿园的指导作用，增进教师与家长的沟通合作

改善隔代教育的影响也需要幼儿园多开展家园联系活动，"多走动，多交流，多协助"。结合话题召开两代家长的经验交流会，如"宝宝吃零食的危害""孩子使用电子产品"等主题教育，讲解如何科学育儿，让祖辈家长积极参与幼儿园活动，让每一个隔代家长都能掌握让自己的孩子健康成长的知识。

（上海市浦东新区金囡幼儿园　心理兼职教研员　何文婕）

幼儿的要求未能被满足，就大发脾气怎么办？

"小哲，站起来！真是胡闹！"只见4岁的小哲躺在地板上，踢着腿、甩着胳膊、哭闹着，不肯站起来。原来，小哲因为动作慢，平时常坐的位置被其他小朋友占了，他的脾气就又发作了。教师试着把小哲从地板上抱起来，但是他却挺着身体，一边哭叫一边挥着胳膊和腿，想挣脱教师的束缚。教师没有办法，只得放开了小哲。小哲站了起来，跑到一边，再一次躺着，继续大哭大闹地踢来踢去。孩子一言不合就大吵大闹，确实是一件棘手的事情，如果教师放任不管，会影响教学氛围，如果马上去关注发脾气的孩子，又会影响其他孩子。那么，教师应该怎么办呢？

一、了解概念

当幼儿受到挫折或愿望未能得到满足时，会出现大哭大闹、大吵大叫，甚至摔东西、撒泼打滚的行为，有时候还会持续很长时间，难以平息和劝阻，这些现象的实质是幼儿缺乏解决问题的有效方式和情绪自我管理的技能。虽然孩子发脾气的行为表现各异，但这种行为背后往往反映出的是他们在问题面前的无助和不确定性。

幼儿时期处于心理和生理快速变化的关键阶段，这一时期语言、思维、行为和情绪等方面都处于发展状态。孩子也正试图逐渐探索并适应周围环境。对于年龄较小、依赖性较强的孩子来说，想要通过自己的力量解决问题并不容易。因此，当他们遭遇挫折或愿望未能得到满足时，往往会选择表达出强烈的情绪反应。幼儿在情感自我调节上也存在欠缺。他们还不太懂得管理和表达自己的情绪，无法意识到自己的情绪变化，更缺乏相应的调解情绪和冷静思考的技能。因此在面对挑战和困境时，他们就会出现情绪化的反应。

二、探索原因

在幼儿阶段发脾气的现象比较常见，发脾气的原因主要有三类。

孩子内在需求没有得到满足

发脾气的背后可能隐藏着伤心、担忧、恐惧、尴尬等情绪。幼儿的情绪常常是与生理需要相联系的，例如身体被照顾，作为独特的个体被尊重，感觉到自己是安全的，等等。随着年龄的增长，孩子们可能需要有机会表达独立性，当孩子有机会按照自己的意愿和要求做事时，他们发脾气的可能性就没那么大。发脾气这种行为是获取关注很有效的手段。如果小时候我们的一些原始需求没有被满足，内心也会形成像黑洞一样的坑洞，就像你有一个吃不饱的肚子，无时无刻不在喊着“我好饿”。

幼儿园孩子的大脑发育尚未成熟，控制情绪的能力较弱

情绪的产生，是一种本能反应，不受理智（意识）的控制。科学家对大脑的研究发现，人类情绪并不主要在高层次的大脑皮质区运作，而是在边缘系统这些比较低层次、比较原始的脑区运作。理性中枢掌管认知的地方，比较晚发育成熟，且与后天的教育有关。发脾气是因为幼儿还没能熟练掌握用社会所接受的方式来表达愿望的能力，他们不理解对自己不喜欢的事物应当以何种方式作出反应才是被社会所接受的，所以会以发脾气的方式来表达自己的感受，也可能是因为缺乏适宜的成人角色来示范如何控制他们的情绪。

教师对孩子的忽视或否认等不良的回应方式

例如教师会用比孩子更大的声音在气势上压制孩子，或者给孩子贴上标签，告诉他“发脾气就是坏孩子”，再或者孩子一哭闹就出手安慰，表示妥协，而并没有认真地去倾听、理解、回应孩子的情感需要，照顾孩子行为背后的情绪。

三、教师辅导站

请给孩子“发泄”情绪的出口，他们需要被引导说出牢骚或怨恨，以达到心理平衡，教师不能因为感到生气而忽略了让他们发泄情绪的机会。所以当教师看到孩子发脾气时，陪伴孩子吧，尤其当他们经历情绪风暴时，可以用以下方式来应对。

共情

首先要觉察孩子的感受，教师可以抱抱孩子，牵着孩子的手，问问孩子：“你现在是不是很伤心/愤怒/委屈？”帮助孩子获得足够的安全感，帮助孩子宣泄情绪，不要用大道理去批评或无视孩子的感情。

制止

如果孩子试图用打人的方式解决问题或者发泄内心的焦虑、愤怒，影响到他人时，教师必须尽快制止其暴力行为。可以用平和但坚决的态度告诉他：“我知道你现在很生气，但是不可以打人。”你的话语要尽可能简洁，语气虽然不温不火，但是态度要坚决，让孩子有冷静的空间，平复此刻激动的情绪。倘若孩子变本加厉，继续使用武力，你可以抓住孩子的双手，告诉他：“只要你能安静下来，我便会放手。”教师必须坚决拒绝向使用武力的孩子屈服，否则，孩子使用武力的情况只会变本加厉。

谈心

请孩子把情绪直接说出来，倾听他发脾气的原因。“我猜你很伤心/愤怒/委屈是因为……”“你希望……”也可以和家长交流下孩子发脾气的时间、诱发原因等，即使我们不认同，我们也一定要接纳和理解孩子，从而让孩子感觉他是被理解的。了解孩子发脾气之前发生了什么事情，耐心分析孩子情绪背后的需求是什么，是因为他没有得到想要的东西，他被另一个小朋友欺负了，还是因为他不想结束某项活动。然后和孩子一起想办法，告诉孩子，别人很难知道他为什么难过，请他用语言表达。如果孩子不能用语言表达自己的问题，则猜测可能引起他难过的原因。同时，教导孩子：很多时候，我们之所以难过，并不是因为对方表现得特别糟糕，而是我们对别人有很多不合理的期待，希望他们完全按照我们的意愿改变。如果我们能放弃这种想法，并且接受每个人都是不完美的这样一个事实，很多矛盾都会迎刃而解。

暂时隔离

当这名孩子发脾气不听建议的时候，可以请助教或保育员尽快把孩子带离这个环境，允许孩子到角落独处。教师还可以创设教室的区域环境，或是一面心情墙，或是图书角的小沙发，让孩子独处一下，教师在孩子冷静时也需要在视线范围内随时观察孩子的情绪变化。当孩子的情绪平静下来后，再跟他解释每个人都会经历不舒服的情绪，让他说出事情，告诉他只有讲出来才能让别人明白哪儿出了问题。

觉察并调控情绪

教师可以和孩子一起观察镜子里自己的表情，让孩子觉察自己的情绪，可以说："你难过镜子里的人也会难过，你开心镜子里的人才会开心。"可以告诉孩子感到情绪快要失控的时候，可以以肢体动作表达愤怒，比如让他们交叉双臂，深呼吸，延缓吐气的节奏，然后默数"1，2，3"，或不断重复"我能控制我自己"，直到渐渐缓和、最终恢复平静。

制定情绪管理手册

可以每天记录孩子的情绪状态，如果孩子在某一段时间管得住自己，就给他们一个特别的小奖励；如果孩子能在想发脾气时控制住自己，就要进行积极的表扬。

如果以上策略都不管用，教师的情绪在孩子发脾气时也被激惹了，该怎么做呢？其实，教师越气急败坏，孩子越顽固，甚至激发孩子产生更强烈的情绪反应。教师首先要学会观察自己的情绪，当发觉自己出现拳头紧握、肩膀紧张、火气爆发时，试着放慢呼吸，延长吐气的节奏，冷静片刻后，告诉孩子："对不起，我刚才生气是因为……"然后抱抱孩子，争取获得孩子的谅解。其次，教师需要审视自己的压力源，也许工作生活中其他事情在左右你的情绪，而你不经意间将自己的情绪带给了孩子。不能因为孩子小，就随意把他们当成宣泄情绪的对象。建议花几分钟时间听听你内心的声音，整理好自己的状态，清理一下自己的情绪垃圾，抽个时间去跑步、健身，放松一下，努力做孩子情绪管理的榜样。

总结一下：当幼儿大发脾气时，教师首先要保持冷静，觉察孩子哭闹背后的原因；其次，尝试共情孩子，让孩子把需要说出来，给孩子"发泄"情绪的出口。但是，如果孩子伤害到他人，教师必须尽快制止其暴力行为；如果孩子发脾气又不听建议，可以请助教或保育员把孩子带离教室进行冷处理。当然，日常生活中教师要培养孩子的规则感，学习调控情绪。最重要的是，教师也要关照好自己的情绪，努力做孩子情绪管理的榜样。

（上海市浦东教育发展研究院　国家二级心理咨询师　马天宇）

为什么幼儿园的孩子会因为父母离异而情绪低落？

果果是一个幼儿园中班的小女孩，她在幼儿园的时候总是很开朗活泼，不管和老师还是同学都很亲近。可是最近，果果却显得有点情绪低落。她不像以前那样充满活力和热情，变得不喜欢参加任何游戏或活动，总是独自一人，当老师提出陪她玩的时候，她也不像从前那样开心地笑了，而是忧愁地坐着，不愿意互动，连她最好的朋友都不能引起她的注意。

看到果果的变化，老师顿觉异样，询问果果情绪低落的原因。果果委屈地抽泣了起来，什么也没有说。老师非常担心果果的状况，决定联系果果的家长，沟通一下果果的情况。

经过和果果家长的交流，老师很快发现了问题所在。原来，果果的爸爸妈妈离婚了，果果跟着爸爸生活，要和妈妈分开了。果果还是个幼儿园孩子，不会想到父母之间的感情问题会对自己造成这么大的影响。因为妈妈离开了家庭，果果因此感到很失落和伤心，无法适应这个变化。

一、了解概念

幼儿园的孩子因为父母离异而感到情绪低落，这是一种常见的情感问题。按照心理学上的说法，这种情况被称为“离婚儿童情感障碍”。这种问题表现为孩子因为家庭变故而感到痛苦和不适。这种情绪问题通常会以抑郁、愤怒、攻击和退缩等形式显露出来，这些感情的确切性质和严重程度取决于孩子的年龄和性格。

离婚是一个非常痛苦和复杂的情况，这对于孩子来说更加是一个挑战。父母与孩子之间有一种感情上的联结和纽带，也就是孩子与父母之间的依恋关系。依恋是孩子与父母的相互作用过程中产生的，父母的离异会破坏与孩子之间的依恋关系。

对于果果来说，妈妈的离开是一个巨大的变化，这是她无法理解和接受的。她可能会开始责怪自己，感到是自己的错，以至于她无法适应这个新的现实。在这种情况下，幼儿园的孩子可能会因为缺乏父母的关注和支持，而感到孤独和无助。

二、探索原因

幼儿园的孩子面对父母离异的情况，是特别难以理解和释怀的。对于他们来说，无法理解爸爸和妈妈为什么要分开，在这样的状态下，孩子的心理也会受到影响。那么，为什么父母离异会产生这么大的影响呢？

首先，对于很多幼儿园的孩子而言，家庭是他们的安全港湾和情感支持基地，这是他们在成长过程中最重要的一点。当家庭中的成员出现分离或离异的情况时，孩子所处的这个安全港湾和情感支持基地就受到了威胁，孩子可能会感到无助和失落。

其次，在离异的过程中，父母的情感状态通常极度不稳定，这不仅可能导致父母之间的沟通和互动变得困难、矛盾，甚至变成争吵，同时，这也会影响孩子对父母的信任和依恋。如果一个孩子的父母在过去是爱他或她的，那么，突然的分离和矛盾可能会对孩子的生活和自我价值感产生长久的阴影和伤害，并导致他们感到自己的世界失衡，变得头昏眼花。

再者，幼儿园的孩子还没有完全发展出自我定位的能力，他们的自我认同还在不断塑造中。因此，当家庭分离或离异时，孩子的自我认同常常会受到严重的挑战。他们可能会产生“是不是因为我不好，所以我的家庭才这样”的想法，进而形成自卑和抑郁情绪。

此外，父母的情感支持和关注对幼儿园的孩子来说也非常重要。然而，离异后，父母的关注和支持通常会大大减弱。孩子可能会感到孤独和无助，因为他们需要家长的陪伴、鼓励和指导，尤其是在他们需要面对生活挑战的时候。

最后，离异可能还会给孩子带来一系列的生活问题，这些问题也可能会增加孩子的压力和焦虑。例如，孩子需要面对家庭分隔两地的痛苦、改变日常生活中的被照顾的程度以及学校和社会等方面的困难等。

离异对幼儿园的孩子的影响是多方面的，这场离异事件不仅仅使孩子失去了家庭温暖和安全感，也可能使孩子的自我认同、自尊心、情感支持和生活困难等方面受到重大影响。

三、教师辅导站

站在孩子的立场，教师怎么样去帮助这些孩子呢？

倾听孩子的心声

教师应该让孩子表达他们的感受，用“我听到了”“我理解了”“我关心你”等话语来安抚孩子的情绪，保持专注并耐心地听他们倾诉这个时期的心理困惑和难处。教师应该让孩子知道，他们的感受、疑虑、需求和想法都是正常的，同时应该帮助他们理解不同的情感反应。

提供情感、心理支持

教师应该给孩子提供足够的情感支持，让他们感受到安全和关心，这可以表现为耐心地倾听、鼓励和提供实际的帮助。而这些关爱和支持也可以通过简单的随机事情发生时给他们及时的正面回应来体现。任何一个鼓励的话语，都可以让孩子感受到自己是被关心的。同时，可以为孩子提供心理咨询服务，让孩子在心理教师的帮助下有机会表达自己的情感和疑虑，以帮助孩子逐渐适应家庭中的新变动和新要求。

建立安全的、稳定的环境

在幼儿园，教师可以通过营造一个安全的、稳定的环境来帮助孩子适应父母离异的环境。同时，教师也可以提供一些具有情感意义的物品，如照片、拼图、书籍等，这些物品可以激发孩子的情感联想和感受，从而缓解他们因父母离异而产生的情感障碍。

积极引导孩子转移注意力

在幼儿园，教师也可以通过引导孩子把注意力转移到一些积极的事情上，来帮助他们缓解因父母离异带来的情感压力。例如，给孩子提供艺术、音乐、运动等活动，来帮助孩子减轻情绪负担和压力。这些活动都是有助于塑造和培养孩子的积极情感和良好心理特质的，其目的就是帮助孩子更好地摆脱对负面情绪的过分沉浸并尝试更多的积极体验。

与家长保持联系

教师还可以通过与家长的沟通来更好地了解孩子的生活情况和变化，以便更好地提供帮助。教师可以及时观察、记录孩子的情感反应，与家长分享孩子的情况，提供帮助和建议。此外，在行动上，教师们可以通过参加家长会议、家长课程、家长问卷调查等活动，积极与家长分享经验，建立良好的合作关系。

（上海市浦东新区金囡幼儿园　心理兼职教研员　何文婕）

小学阶段

学生在上课时出现各种身体不适，是怎么回事？

新学期伊始，李老师发现一件令他疑惑的事，每当他上课时，有几个学生总是有点怪：宁宁频繁举手说要上厕所，一堂课下来她能来回跑六七次；凡凡自始至终眉头紧锁，捂着肚子喊疼；小宇则是一直低着头，逮着自己的两个大拇指咬……就这样，一节课下来李老师感觉一半的精力都用来关注和安抚他们了，课堂秩序被扰乱不说，授课效果更是大打折扣。于是，李老师便把这几个学生的情况反馈给家长，请家长带他们去医院检查看看。几天后家长们纷纷反馈说孩子的身体检查都正常，这可把李老师和家长们弄糊涂了。这之后，李老师和家长们都开始留心观察，他们发现，这些学生平时在家一切正常，唯独到学校，尤其是上课时就会状况频发。

一、了解概念

其实，案例中的宁宁、凡凡和小宇等同学的行为属于心因性疾病，即由心理因素引起、没有器质性疾病基础的躯体和精神症状。它具有以下4个特点：

1. 有一定的诱因或明确的心理矛盾或创伤。

2. 一般在心理矛盾或创伤后发病，且两者具有较严格的时间顺应性和相关性。

3. 症状反复易变，不符合器质性疾病的发展规律，不能以神经病理解剖等解释，但可以从心理因素的精神病理学角度理解。

4. 有目的性和暗示性，通过发作使压抑的愿望得到满足，易受周围环境或自我暗示影响，一般消除心理因素后，症状就会逐渐缓解或消除。

该病在儿童中并不少见，且发病率逐年上升。儿童心因性疾病表现较单调，常表现为十分夸张的躯体不适或运动障碍等，比如有的孩子是咳嗽、呕吐，有的是多尿、咬手指，有的甚至会出现痉挛。不过随着儿童年龄增长，其疾病临床表现也会越来越多样化。

心因性疾病3岁前少见，以学龄儿童为主，尤其在小学三年级到初中三年级的学生中比较高发，一般女童多于男童。有时，儿童心因性疾病的表现与器质性疾病难以鉴别，应及早诊断，及时干预，否则，不仅会影响儿童的学习、生活等正常社会化功能，而且病情会加重，有些人的症状甚至会延续至成人。

二、探索原因

儿童心因性疾病的成因复杂，我们要综合先天后天、主观客观等多角度考虑。

个性因素

儿童时期心理发育不完善，具有天真幼稚、情绪不稳、易受环境影响的特点。相关临床研究发现，心因性疾病学生有易患的特征，如性格内向、焦虑敏感、自我中心等。

行为因素

根据行为主义学习理论，逃避或避开不愉快的刺激就是一种强化。比如有些学生把学校里发生的许多事情都看作是不愉快的、挫折的，对于那些在学校反复遭受失败的学生来说，尤其如此。而一旦他们出现心因性疾病时，我们往往都会关注其症状，无形中帮助学生避开了不愉快的状态或活动，这本身就是一种负性强化，久而久之，他们可能会无意识地沉浸于疾病带来的益处中。

家庭因素

儿童的个人心理是家庭的表现。家庭不和睦，家长在平时的管教中过于苛刻严厉，抑或干脆忽视，等等，这些情况可能会使儿童在成长过程中受到惊吓或伤害，进而使他们形成胆小、敏感、焦虑等个性，加重其心理紊乱。另外，随着社会的发展，升学竞争日益激烈，家长对孩子期望过高，每天给孩子安排满满当当的课程，使得孩子学习压力巨大，他们的心因性疾病也逐年增多。

学校因素

学校教育有一定的教学目标和任务，学生在校学习氛围相对紧张，加上一些学校注重分数和升学率，存在“以考代练”的现象，使得学生学业负担重。有的教师又比较严格，当学生达不到其教学要求时，可能会反复催促甚至是批评、责备，进而加剧学生的学习压力，使得学生整天处于一种超负荷的高度紧张中，极易出现焦虑、害怕等情绪，若找不到化解的方法便会反映在身体或精神上，出现心因性疾病也就不足为奇了。

三、教师辅导站

遇到宁宁、凡凡这样的学生，我们该怎么做呢？

初步识别心因性疾病

如前所述，心因性疾病有其临床表现和特征，我们平时要多观察学生，如果是在上课或考试等特殊情境下才出现频繁上厕所、腹痛等行为，我们心中要有一定的心理问题意识，及时通知家长带其就医，排除腹泻、炎症等生理病因。

转变态度，接纳问题

当学生出现频繁如厕、腹痛等现象或问题时，我们采用说教或指责的方式，不仅不能帮助学生改掉这个毛病，反而会强化学生的行为，因为我们的在意，会让学生觉得这件事情很糟糕，学生越想控制就越失控，使得他们在原本就已超负荷的压力基础上又叠加对这件事本身的焦虑，有的学生甚至还会因此产生强烈的羞耻感。因此，教师淡定、从容的态度，对学生来说就是镇静剂。

允许和引导学生表达情绪

越是年幼的学生，对复杂而强烈的情绪承受能力越有限，尤其是敏感、内向的孩子，更不容易把这些情绪释放出来，实在超负荷就只能通过其他的方式表达出来，比如，频繁尿尿、啃咬手指等问题行为。我们一方面要认识到学生行为背后的情绪感受和内在需要，另一方面在和学生沟通时，要帮助学生厘清和理解这些感受，引导学生明白情绪与品质无关，好孩子也会有坏情绪，无论什么样的情绪，都需要一个宣泄出口。只有当学生能够真实地面对自己当下的状态和感受，他才可能以更直接、更安全的方式表达出来。

创设情境，放松训练

儿童心因性疾病具有一定的诱因，我们需要教会学生基本的应对方法。对于学科教师来说，不妨向学校心理教师借招，请心理教师根据学生常见的困扰创设一些团体心理活动，通过“小游戏”，收获“大智慧”，让学生在游戏中释放压力，同时学习基本的自我放松方法。针对案例中的学生，我们就可以围绕学业压力、考试焦虑等话题设计专门的团体心理活动课，在游戏中让学生体验到面对压力情境，大家都会出现一定的应激反应，这是完全正常的，从而帮助他们接纳自己当下的“问题”状态，而不是一味地排斥，一味地“我不要”，那样只会适得其反。同时，我们要引导学生看到同样的压力情境下，其实有不同的应对方法，鼓励他们多尝试，并教授一些具体的心理放松技巧，如腹式呼吸、肌肉放松等，逐渐让他们学会自我放松。需要注意的是，玩游戏要把握分寸，不要让学生有被嘲笑、被贬低的感觉。

资源整合，多管齐下

一方面，我们可以利用学校的心理健康教育资源，及时将个别问题严重的学生转介给学校心理教师开展心理疏导，预防心因性疾病的发展。另一方面，我们要加强家校沟通，了解学生问题背后可能的家庭成因，开展家庭教育指导，争取家长配合，消除各种诱因。

正所谓心病还须心药医，我们要帮助学生解决各种心因性疾病，就要学会聆听学生的心声，要懂得透过表面的“病症”看见学生内心的“需求”，从而对症下药。

（上海市普陀区教育学院　心理教研员　田守花）

小学生总说肚子痛要家长接回家，是何缘故？

佩瑶在学校说肚子痛，经过学校医务室老师安抚和简单处理后，佩瑶仍然说痛，医务室老师只能请家长带她回去看病。后来家长反馈说医院没查出什么具体问题，佩瑶就又继续回学校上学。但是，没隔多久，佩瑶又说肚子痛，这样反复了好几次，而且发作得越来越频繁，似乎越来越严重。每次佩瑶都由家长来接回家，然后带到医院看病，大小医院跑了好多家，有的医院说没事儿，有的医院说肠系膜淋巴结炎，西医、中医都看过，可效果总是不好。奇怪的是，佩瑶在家的时候几乎没有说过肚子痛，每次都是在学校说肚子痛，而且痛苦的样子也不是装出来的。

一、了解概念

佩瑶的腹痛其实是焦虑引发的疼痛，与精神医学的持续性躯体形式疼痛障碍发病机制雷同，该障碍主要表现为一种不能用生理过程或躯体障碍解释的持续性疼痛，严重程度不一，医学检查多不能发现相关的器质性病变，或检出的器质性病变不足以支撑病人相应疼痛主诉，多病程迁延，持续6个月以上。此类疼痛通常由持续存在的情绪冲突或心理问题引发，并因慢性疼痛使社会功能受损。临床医学上的诊断为神经官能症性腹痛。

因焦虑表现出的症状，除了腹痛，常见的还有头痛、胸闷、腹泻、遗尿（尿床）、不明原因的低热等，较少见的有失明、失聪、瘫痪等。

二、探索原因

相关研究显示，能快速解决或预期能解决的问题往往不会构成压力，而预期不好（能）解决的问题可能会成为压力源，长期不能解决的问题则会带来慢性焦虑，慢性焦虑则可能导致慢性疼痛发生。慢性焦虑是否引发躯体疼痛同个体的心理健康程度以及心理支持系统和个体发展中的心理需求相关。

与家庭支持系统相关

在青少年的成长过程中，家庭成员尤其父母的情绪特点、个性品质以及对待孩子成绩的态度与要求对孩子们来说影响很大。良好的家庭支持系统能够安抚孩子的焦虑情绪，反之则雪上加霜。案例中的佩瑶，她爸爸是某机关单位公务员，言语不多，脾气暴躁，对女儿方方面面都要求很高，尤其成绩必须是前三名。爸爸对于佩瑶有着“不可逾越的威严”。妈妈是国企的会计，追求完美，情绪起伏大，对爱人心理上比较依赖，视爸爸如英雄，支持爱人对女儿的高要求，不仅不能为女儿提供心理支持，缓冲心理压力，还会“在伤口上撒盐”——“等你爸爸回来收拾你”。妈妈还存在“冷暴力”，当女儿不听话时，妈妈会几天都不理她。爷爷奶奶、外公外婆都生活在农村，太远够不着。佩瑶和保姆感情比较好，保姆虽然能够提供温暖，但也只是暂时的安慰罢了，远远达不到心理支持的作用。

与不同学习阶段的不同要求有关

小学正是孩子飞速发展的阶段，一二年级懵懵懂懂，对于学习，无论是家长还是教师，通常都以基本要求来培养孩子的学习习惯，但是到了三年级，学习进入了加速期，学业难度提升，教师对待学生的要求和一二年级相比，也会更多一些。家长此时需要去感受孩子在这个阶段是否能够跟上新强度的学习要求，毕竟每个孩子的认知并不是完全同一水平发展的，而学校的要求和教材的要求却是一视同仁的。这个阶段家长的及时安抚和陪伴格外重要。前文中的佩瑶进入三年级后对学习的担心焦虑并没有被忙于工作的父母看见，爸爸甚至还因为觉得她怎么不如一二年级学习态度好了而责骂她，可想而知，她的焦虑在三年级这个本该被安抚的阶段因为更多的责骂而变得更加严重了。

与个体成长过程中的心理需求有关

系统式家庭治疗认为症状是有功能的，它通常用来达成愿望或用来维系关系。也就是说，一个人的躯体症状往往不仅仅是个体本身的身体问题，可能也是在表达对家庭关系中某种缺失的情感的需要。比如前文佩瑶的腹痛，一方面它是无声的语言，用来呼唤父母关注她、关爱她，满足她的情感需求，她在家庭中没有发言权，父母要求她考前三名、做个“大家闺秀”，她只能服从，只有“生病”时才能体验爸爸妈妈的爱；另一方面，可以让佩瑶回避成绩下降带来的负罪感和恐惧感——“我的成绩下降是因为生病，不是我不够努力”；再者，生病可以让她离开存在竞争的学生群体，回到家里和温暖的保姆在一起。

三、教师辅导站

对于总是说肚子痛要回家的孩子，作为学校的班主任、教师该如何应对呢？

班主任对家长进行知识宣讲

班主任可以利用自己所掌握的心理学知识向家长进行解释，建议他们要关注孩子心理健康方面的问题，不要仅仅从生理方面考虑是否有疾病，也要考虑心理疾病的可能性，建议他们寻求专业心理帮助，可以帮助家长联系学校心理教师进行会谈。

和学生谈心，更全面地了解学生

医务室教师或者相关教师都可以和学生进行谈心，详细了解他的生活状况，是否存在单亲家庭、留守儿童、家境困难或家庭出现重大变故等情况，了解他的焦虑、担心、恐惧，理解他的困境，以温暖、理解、包容的态度倾听他的诉说。询问他需要什么样的帮助，从而提供针对性的支持；了解学生的人际关系状况，协助他寻找身边可以利用的资源，从而在心理上重新获得安全感。考虑到正处在焦虑中的学生可能会有应对学业压力的困难，征得学生同意，可以组织学习帮扶小组，这既可促进学习，又可促进人际关系。若学生存在睡眠问题，还可酌情在一定时期内减少作业量，从而减轻学生心理压力、提高睡眠质量。

类似佩瑶这样的情况可能还有其他表现，比如经常说头疼或胸闷等身体症状而往医务室跑。这些经查都没有医学上的疾病诊断的身体不适，都可能是心理问题，都需要教师引起重视。与家长和学生进行有效会谈，多角度更全面地了解学生成长环境和现在所处环境中的人际关系等情况，更系统地看待由心理因素导致的身体症状，必要时和学校心理教师一起来对学生情况进行分析评估，从而避免每次碰到类似情况只能叫家长带回去看病的无效策略。

（上海市洋泾菊园实验学校　国家二级心理咨询师、高级教师　余智华）

学生总是发出怪叫声，是什么问题？

小李是某小学二年级的学生。新学期开学没多久，就有多位任课老师向班主任反映，小李在上课时会不断发出怪叫声，有时像狗叫，有时像在挑衅，不仅会引起同学们的哄堂大笑，破坏课堂纪律，而且还会打断老师的讲课，影响教学进度。老师们认为这是小李在故意捣乱，曾狠狠地批评过他，但是批评次数越多，小李发出怪叫声就越频繁。小李不仅在课堂上会叫，在课间休息时也会叫，在教师办公室叫，在走廊上叫，在厕所里叫，随时随地都会叫。这种现象除了会引发其他班级同学、老师的异样目光，还会有很多同学对他指指点点。其实，小李在 年级时，老师们就注意到，他会经常做出挤眼睛、做鬼脸、摇头耸肩等怪动作。

班主任找小李谈话，询问原因，小李也很委屈，他说自己不是故意要扰乱课堂纪律、故意引起别人关注的，自己也无法控制这种怪叫声和怪动作。对此，他每天都很紧张、担心，但是越担心越紧张，怪叫声和怪动作就出现得越频繁。

一、了解概念

小李的这种行为是多发性抽动和发声联合抽动障碍，又称多发性抽动障碍，是抽动谱系障碍中比较严重的一种。它是以眼部、面部、四肢、躯干等肌肉不自主抽动伴随着喉部异常发音及污秽语言为特征的综合征，具体的表现有：儿童频繁挤眉、眨眼、皱眉、皱鼻子、抿嘴、摇头、扭颈、耸肩、抖手，下肢抖动，喉中不自主发出类似于清嗓子或干咳声，有的儿童喉咙里会发出咕噜噜的声音，还有的儿童会控制不住地陈述污秽词语、刻板式咒骂等。

这种问题影响到儿童的人际关系，也会影响到儿童的注意力、记忆力、正常书写、学习成绩以及情绪的稳定性。当儿童出现发烧感冒等身体不适或者精神紧张时，抽动症状会加重。有的儿童会因症状严重，过于影响课堂秩序，无法参与正常的学校活动，而被迫停学。

抽动症多出现于5～12岁的儿童中，12～16岁的青少年仍有发作，一般来说，男孩多于女孩。儿童抽动症病程较长，反复发作，少数到青春期会自行缓解，大部分会逐渐加重，有些人的症状可延续至成年。抽动症对正常的生活、学习、工作会造成很大影响，需要及时治疗。

二、探索原因

儿童抽动症是由多种因素相互作用的结果。

遗传因素

大量调查表明，抽动症具有明显的遗传倾向。抽动症患儿家族中抽动症的患病率为10%～66%。一般男孩患病率高于女孩。

围产期因素

准妈妈在怀孕期间如果精神紧张、受到惊吓，或是过度悲伤，在生产过程中出现意外导致胎儿脑损伤、脑缺氧等都可能会引发抽动症。

神经生理因素

有研究发现，大脑皮层-纹状体-丘脑-皮层环路结构和功能异常与抽动症的发生有关；神经突触多巴胺活动过度，多巴胺受体超敏反应与抽动症有关；阿片肽、催乳素、性激素、环磷酰胺、嘌呤代谢、钠钾ATP酶，以及微量元素如钙、锌、铅等的体内水平与多发性抽动症存在关联。某些神经类型的儿童，比如神经质、过于胆怯、过于敏感、过于固执、多动的儿童也容易出现抽动症。

后天环境因素

家庭环境、学校环境对抽动症的诱发或加重也起着重要作用。比如，儿童的家庭氛围紧张，父母经常吵架，家人关系不和，父母对儿童的管教过于严厉，经常批评或拒绝、忽略儿童。儿童的家庭生活不愉快，或者受到某些精神刺激，如被家庭暴力、遭受突发事故等，上述这些情况使得患儿长期处于焦虑不安、担惊受怕的情绪之中，易诱发抽动症。

再如，学校教师对儿童的学习要求过度导致儿童学习负担过重，对儿童的批评责备较多，儿童的同伴关系缺乏或者关系不好，也会使得儿童长期处于紧张、高压、无助之中，这也容易诱发抽动症。

此外，患儿缺乏良好有规律的生活作息习惯，比如睡眠质量差、长时间地使用电子产品、迷恋电脑游戏等，也会诱发抽动症或使症状加重。

不良的模仿习惯

有些儿童看到其他人频繁眨眼睛、抽鼻子，出于好玩之心而去模仿，久而久之就会形成抽动习惯。

三、教师辅导站

遇到这样的学生，教师可以做些什么呢？

要能够识别抽动症的基本特征

抽动症最主要的特征就是身体的某个或某些部位不自主、不随意、不受控制地频繁“抽动”，比如：眼部扬眉、皱眉、眨眼、斜眼、翻白眼、凝视等；面部咧嘴、噘嘴、扮怪相等；颈部点头、摇头、扭脖子、耸肩等；上肢甩手、举臂、扭臂、搓手指、握拳；下肢抖腿、踢腿、踮脚、旋转，步态异常等。

抽动症不是多动症。多动症主要表现为注意力不集中，上课分心走神，小动作很多，坐不住，插嘴，话多，过于兴奋，容易冲动，情绪波动大，无组织无纪律等。部分抽动症儿童可同时合并有多动症状，多动症儿童也会出现抽动症状，这两种障碍同时出现被称为共病。

要尽量正常化学生的抽动行为

教师要理解这类学生的抽动是不可控制的，他们不是故意要扰乱课堂教学秩序的。对于学生的抽动行为，教师不用太过关注，最好忽略它，以减轻学生的心理负担。同时，教师也要对班级其他同学做一些相关的抽动症科普，请其他同学也不要过多关注这类学生的行为，杜绝他们对这类学生的嘲讽、辱骂、模仿等。所有师生要相互尊重，相互包容，共同构建和谐美好的校园氛围。

要对这类学生多一些关爱

平时，教师可以多和学生沟通交流，关注他们的情绪变化。多鼓励学生，多看到学生的闪光点和进步的地方，增强学生的自信心，缓解压力。教师也可以在班级中给学生安排一些力所能及的工作，鼓励学生积极融入班级，转移他对抽动行为的注意力。

家校医结合，共同帮助学生

一方面，教师要建议家长带学生到相关专业机构或医院就诊，接受精神科医生的系统诊断和治疗。另一方面，教师也要配合医生的治疗，为学生提供良好、合适的学校环境。

同时，教师也要多和学生的家长联系，了解学生在家里的情况。建议家长要帮助学生制定合理的作息时间，保持足够的睡眠，创造和谐、轻松的家庭氛围等。只有多方齐心合作，才能最快、最有效地帮助学生。

（上海唯儿康儿科门诊部　国家二级心理咨询师　张伟娣）

学生不遵守规则，是怎么回事？

小周同学是班级里出了名的“惹事王”。经常无视班级、学校纪律，上学迟到，屡教不改；上课随便吃东西，离开座位，扰乱课堂纪律；课后不完成作业；在教室里乱扔垃圾；学校要求同学们在走廊上好好走路，不要冲撞，他却总是在走廊里冲刺跑；每次犯错误时保证下次改正，可没过几天，便“原形毕露”，依然如故，令老师头疼不已。

班主任屡次约谈家长，家长都很忙碌，无暇顾及，并表示“管不了”，多次沟通均以失败告终。小周同学从小由祖父祖母负责抚养，生活中只要是他想要的，祖父祖母都会尽力满足，他的父母戏称“他想要摘星星、摘月亮，（祖父母）也都会去做”。

班主任和任课老师因为小周的情况很是烦心，也深感无力。小周的行为对周围的同学也产生了不良的影响，怎样才能让小周同学遵守学校的校纪校规、行为恰当呢？

一、了解概念

“没有规矩，不成方圆”，规则是在日常生活中约束人们行为的准则。在现代社会里，规则无处不在。从发展心理学角度来说，规则是儿童建立安全感和认识世界的一种工具。规则可以让孩子明确内在世界和外在世界的界限，有助于他们建立理性智能、控制情绪、增强自控力等。规则的确会限制孩子的行为，但同时也能够给孩子的发展带来安全。

规则意识，是指发自内心的、以规则为自己行动准绳的意识，比如说遵守校规、遵守法律、遵守社会公德等。学生首先需要了解规则是什么，规则有哪些；其次，理解规则的存在是为了带来安全，而非“限制”；最后，需培养遵守规则的愿望和习惯，规则不仅告诉我们被允许和不被允许的事，也告诉我们哪些会被提倡、被赞许，哪些会被谴责，这会成为遵守规则的内在动力；最终慢慢让遵守规则成为自己的内在需要，充分认同规则是在社会发展过程中通过公众选择形成的，是公众维护秩序而订立的契约，因而自觉主动地遵守规则，形成习惯。

二、探索原因

规则的本质就是在可接受的行为和不可接受的行为之间划出界限，并在不良行为与后果之间建立联系。影响学生规则意识的因素如下。

早期未建立明确的规则体系

社会规则大多数时候是借由养育者传递到年幼的孩子，使之基本行为满足社会期许，同时树立规则意识。如果外部世界没有规则，养育者放纵孩子，或者外部世界有规则，但周围的人破坏规则；又或者养育者给孩子制定规则，自己却不遵守规则，这些都会让孩子内心困惑，产生一种不安全、不确定的感觉，不知道应该做什么、不该做什么。

家庭、学校乃至社会中或多或少存在违规行为，这些行为如果没有得到及时有效的谴责和制约，都可能对年幼的学生产生误导和不良影响。诸如，公共场合大声喧哗、在禁烟场所吸烟、随地吐痰、乱扔垃圾、不遵守交通规则等。由于学生的生活环境和经历不同，他们都可能出现规则意识淡薄，导致行为不符合基本素养和规范等情况。

自控力薄弱

大脑是自控力的“硬件系统”，从发展心理学角度看，儿童的坚持性和自控力处于发展阶段，无法像成年人一样控制自己的言行。因此，往往出现“道理都懂，却做不到”的情况。从进化上来讲，前额叶是最晚发展的皮质结构之一，它是脑部的命令和控制中心，注意、思考、推理、决策、执行等较高层次认知功能都在这里进行。大脑是在不断发展和进步的，就像通过锻炼能够让肌肉变得更发达一样，通过不断训练行为控制、理性思维，随着年龄的增长，大脑的前额叶皮质逐渐扩大，功能也就会更强，儿童也能逐步管理好自己的行为。因此自控力是可以训练和培养的。培养自控力既不是要简单粗暴地约束，也不是放任自流，而是要提供脚手架式的帮助。真正从学生的角度出发，提供有益的帮助，帮他渡过难关。

叛逆心理

随着年龄上升，学生的自主需求不断增强，开始不愿意接受成人的指导和建议，有时会故意做出相反的行为，并以此为乐，这是学生独立性发展的表现，需要适时引导。

此外，气质、性格、性别等方面的差异，也会影响学生对规则的遵守程度。文静、内向的学生更遵守规则，活泼、好动的学生出现违规现象会多一些；男孩比女孩出现违规行为的比例略高。

三、教师辅导站

规则意识的形成与遵守需要长期、稳定、准确地执行合意行为。在学校中，教师当明确界限，用符合学生年龄的方式进行引导。

帮助学生理解规则，明确规则的价值和意义

生活中大多数的规则都以束缚自由为代价来建立秩序，但规则是一种约束，更是一种保障。教师应协助学生调整“规则是为了限制自己、惩罚自己”等

想法，看到规则的保护意义。规则首先保护个体自己不受伤害，其次是尊重他人、不影响他人，最后是保护公共环境，包括社会环境和自然环境。教师可以根据孩子的特点，让孩子参与到规则的管理中，做到自我激励，提升自我约束力。比如，邀请小周做课间巡视员，提醒同学们不要追逐打闹，要文明休息；也可以合理利用游戏活动等多种形式传达规则的重要性，在日常生活和管理中允许学生表达自己的意见，引导学生遵守规则，也鼓励学生制定共同认可的规则。

换位思考，培养共情力，强化自我约束意识

教师在日常教学活动中培养学生的共情力，为学生提供学习他人观点和情感的机会。比如，学生之间出现打闹、控制不住自己的情绪时，教师也需要问问学生的感受，是愤怒、内疚还是委屈？当教师照顾到了学生的情绪感受，再和学生谈一谈为什么不能打人，是因为对方会痛、会伤心，这样的示范过程能够让学生体会到“被看见、被尊重”，慢慢形成一种觉察力，能够共感到他人，才能发自内心地遵循规则。教师在教学中讲述故事时，可以侧重人物的想法和内心的各种感受，这样一来，学生理解别人观点和情感的水平也会有所提高。

发现改变，及时肯定，提升其自控力

艾森伯格的社会学习理论认为，儿童可以通过强化来学习好的行为规则。儿童做了正确的行为，第一时间对他进行鼓励或奖励，以此强化他的行为，用表扬和鼓励的方式比惩罚更有利于帮助孩子建立和遵守规则。教师应明确告诉孩子哪些是期许行为，解释原因，示范做法，反复引导。惩罚有时没有效果，因为孩子可能还并不明白正确的做法是什么。教师需要对问题行为和处理方式保持稳定一致的要求，强化效果。比如，小周经常随地扔垃圾，教师与其训斥“你怎么又乱扔垃圾，你看看你周围脏不脏”，不如在课桌旁挂上一个小口袋，告诉小周“请把垃圾放到这个口袋里”，并及时鼓励正确的行为，予以表扬肯定。

伯克说：“良好的秩序是一切美好事物的基础。”规则是社会和谐运转的润滑

剂，要让孩子明白，人们生活在社会这个大环境里，在遵守规则的同时，也在享受规则带来的安全、方便与和谐。

（华东师范大学第二附属中学普陀校区　学校中级心理咨询师　陈秋妍）

为什么小学生喜欢打小报告？

方老师新学期担任一（1）班的班主任，开学还不到一个月，同事们就发现方老师脸上笑容少了许多，肯定是班级里遇到了什么麻烦事。原来，首次担任班主任的方老师最近很头疼，一到课间就会被好几个打小报告的学生围着，七嘴八舌地向她汇报。方老师的同事也发现，班级学生很喜欢打小报告，总会有学生三五成群地报告教室里发生的事情，诸如“某某在黑板上乱画”“某某把垃圾丢在了外面”，等等。

作为班主任，方老师遇到学生反馈情况都会耐心倾听并积极解决学生反映的问题，然而班级问题不但没有减少，反而却越来越多。方老师很纳闷：怎么总有学生会不停地来打小报告呢？方老师意识到肯定是班级管理中出现了问题，她必须寻找方法做出调整。于是，她主动请教师父，查阅相关书籍，积极寻找解决的策略。

一、了解概念

担任过小学班主任的老师一定绕不开学生“打小报告”的问题，你会发现小学生经常挂嘴边的一句话就是“我要告诉老师”。小报告的内容也是五花八门，成人看来鸡毛蒜皮的一些小事他们都会到老师这里汇报。不难发现，方老师遇到的这个问题并不是个例，学生爱打小报告的现象有多重原因。从心理学的角度看，爱打小报告实际上是学生社会化不足的表现，这种行为大多发生在13岁以下的儿童群体中。这个年龄段的儿童对社会规则的认知并不明确，由于年龄尚小，自身没有足够的能力和自信处理事情，就会积极求助所在群体中的权威。

爱打小报告的学生一般在同龄人的团体中属于较为活跃的，他们思维敏捷、交际能力强，注意到一些不合理又很少被人观察到的小事情就会主动报告。喜欢打小报告的背后也有一定的动机驱使，其类型也比较多样。在处理学生打小报告问题的过程中，学生身边的成人（家长、教师等）价值观和解决问题方式的引导显得十分重要。

二、探索原因

作为教师，在形形色色的小报告背后，我们需要找到学生频繁报告的原因，这样才能有的放矢。这与以下几类原因有关。

对违规行为的不满

出于这类原因打报告的学生多数自身很遵守规则，集体荣誉感很强。当看到同学违反班规和校规等规则时，内心会感到气愤，进而会将事实报告班主任等。

自身受委屈，寻求教师帮助

同学之间交往过程中，矛盾在所难免。当遇到矛盾时，受委屈的一方可能会主动寻求班主任帮助；也有可能是班上的其他同学代替受委屈的一方打小报告，告知班主任。

表现自我，博取教师关注

也有这样的学生，他会通过打小报告的方式接近教师，借机表现自己。他会时常留心班级的情况，一旦有任何“风吹草动”，这类同学都会第一时间报告，以此获得班主任或任课教师的关注和肯定。

试探性报告，判断该行为是否被允许

有类学生告状或者打小报告的目的是想要试探班主任的反应，判断这种行为是否被允许。由于低年级学生更多的是有样学样，当看到有同学拿了漫画书到学校，他本人也有这个想法，但又不清楚这样做是否被允许，此时他的报告就带有试探性目的，他本人将依据班主任的处理方式决定接下来的行为。

报复心理，借机惩罚他人

也有少数这样的学生，他打小报告的对象仅围绕固定的同学。比如小李同学和小王同学有过一些矛盾，小李同学便会非常关注小王同学的一举一动，一旦抓到机会便到班主任那里汇报，描述的过程中还会“添油加醋”，试图借机惩罚他人。

三、教师辅导站

了解学生频繁打小报告的主要原因后，班主任遇到此类现象就可以做到心中有数，合理应对。

冷静思考，了解背后的动机

遇到班级学生打报告，作为班主任首先要耐心倾听学生报告的内容，不能简单粗暴地“裁决”，花时间听学生的表述，厘清事情的来龙去脉，进而做出公正的处理。

有学生总是来打小报告，作为教师就要留心观察和梳理该学生报告的内容，推测其打小报告的动机。对于频繁打小报告的学生，班主任可以结合学科教师、家长等提供的相关信息，具体分析其动机，并进行适当引导。比如，有些学生是出于对违反规则行为的不满而报告，诸如“抄作业”“考试作弊”等，这类报告有利于遏制班级不良风气，也是学生对是非的基本判断。通常，这类报告不是一名同学，而是几名同学一起报告。此时班主任可以借机通过主题教育等形式进行集体教育，培养良好的学习风气。当然，对于报告的学生班主任也要给予一定的

保护，比如不需要告知班级学生具体是哪位同学，对于报告的学生班主任也无需特别奖励，班主任对其反映问题的重视就是很好的肯定。

语言肯定，行动“冷”处理

班主任或任课教师作为“法官”处理学生矛盾是否要照单全收呢？面对频繁打小报告的学生时，学会适时“冷”处理也不失为一个策略。如果每次对学生的报告都积极回应，势必会对班级其他同学产生一个心理定势：一遇到问题直接找老师。这样既不利于学生自身良好人际关系的建立，也不利于班级的管理以及良好班风的形成。

不难发现，班主任与学生朝夕相处，成为除学生家长外陪伴学生最多的那个人，因此对班级学生的了解也会逐渐加深。当遇到某位学生三番五次来报告，每次报告内容如：张三体育课上撞了他。原来体育老师课上已处理过这件事情，是张三不小心撞到的，且并未使其受伤，张三同学已经给他道歉了。这时班主任可以采取语言肯定，但行动“冷”处理的方式。在学生汇报时积极回应：“我知道了，谢谢你告诉老师这件事。”类似上述的汇报，班主任在行动上可以延迟甚至不采取过多反馈。这样几次后，爱打报告的学生自然觉得无趣，也就逐渐减少报告的次数了。

情境模拟，培养学生自我管理能力

小学是习惯培养的关键阶段，这个时期班主任对于学生同伴交往技巧的引导极为关键。通常，班主任可以通过制定班级规则或组织班会进行社交能力专题培训。根据小学生的年龄特点，用情境模拟的形式教授学生正确处理同学间的摩擦是一个不错选择。班主任可以借助案例情境，让学生扮演角色，在情境中感受。学生可以在扮演的过程中，体验如何控制好自己的情绪，尝试解决问题；也可以请学生体验“调解员”的角色，学习“调解员”处理矛盾的技巧。让学生在不同的角色间，学会换位思考解决问题。这一方法能够让学生将学到的技巧快速用到实际生活中。

另外，需要提醒的是，教师要教会学生分辨：哪种情况可以自己处理，哪类问题是需要及时报告班主任的。比如“老师，他下课打扰我看书”“老师，他不经过我允许拿了我的笔”，等等，学生的大多数诉求就是希望同学能够尊重自己的意愿，获得一个道歉。此时班主任可以放手让学生处理这类“小摩擦”，也可以求助班级的“调解员”。当遇到学生打架、受伤、生病等紧急事件和学生干部不能处理的事件时，就需要有专门负责的学生及时报告。当然，这个过程需要教师和学生们多做交流，形成师生间的共识，逐步达成默契。

如上所述，在面对学生频繁打小报告时，班主任首先要弄清其背后的原因，然后判断此类问题是个别学生的个别现象还是涉及班级整体的情况，接着再采取相应的措施。总之，班级管理是一门“功课”，需要班主任教师在实践中摸索、改进。

（上海立信会计金融学院附属学校　国家二级心理咨询师　赵萌萌）

为什么学生爱撒谎?

辰辰性格开朗，是班级的活跃分子，班主任余老师非常喜欢他，但是辰辰有一个毛病，就是爱撒谎。这不，期中考试后的一天，辰辰妈妈来接他，顺便问起余老师：语文试卷什么时候发？一旁的辰辰听到这话很紧张，连忙拽着妈妈的衣角说："妈，今天作业很多，我要赶紧回家写作业。"余老师看到此景，心知有蹊跷，便将辰辰支到班级整理图书角，同时把辰辰妈妈带到办公室，并告知："试卷上周就下发了，难道辰辰没有告诉你们吗？但是他试卷上是有家长签名的。"说罢，余老师把辰辰的语文试卷翻出来，上面果然有妈妈的名字。谁知辰辰妈妈看了一眼立即否认道："这不是我签的！"余老师一听，瞬间明白了，看来辰辰又撒谎了。可问题是辰辰为什么不愿把试卷给家长看？为什么要冒充家长签名呢？

其实学生中类似辰辰这样的撒谎行为还有许多，比如，学生找各种理由或借口，掩盖自己未做作业的行为；学生将试卷上的低分涂改为高分；学生借口学习需要用电脑查资料，其实是利用电脑打游戏等。遇到撒谎的学生，教师们都会非常头痛，这意味着教师们无法知悉学生的真实意图和想法，对于学生的教育也无法有效进行。

一、了解概念

撒谎，是指个体或群体有意或无意做出与事实不符的陈述，或用不正确的方式隐瞒事实真相，进而为自己谋取利益的行为。从心理学角度来说，撒谎是指儿童在成长过程中为了逃避不愉快、得到某种好处、减少恐惧心理而做出的有意识行为。撒谎是儿童社会性发展的一个重要表现，是儿童心理不断发展的重要方面。儿童的撒谎，往往会有一定的外在躯体反应。比如撒谎时，儿童会因为紧张而出现言语结巴、身体不自觉颤抖、眼睛不敢与交往者对视等表现。

儿童出现撒谎行为，是个体社会化发展过程中所出现的正常心理现象，我们不必为之过度惊慌。但是撒谎是一种不道德的行为，不能听之任之，作为教师，我们要深入探因，积极引导，促进他们的健康成长。

二、探索原因

撒谎是中小学生一种常见的心理现象，其原因多种多样。概言之，大致有如下心理作祟。

逃避心理

中小学生撒谎的一个重要原因在于逃避惩罚。比如在学校中考试成绩不理想、在校园中踢球打破教室门窗玻璃、在校园中相互追逐推搡跌破头等。出现这些情况时，他们往往知道自己要承担相应的后果和责任，于是为了逃避可能的批评与惩罚，他们就会找各种理由去掩盖，撒谎行为也就随之产生。案例中的辰辰也是因为考试成绩不好，担心受罚而撒谎。对于当事学生而言，后续往往要用更多的谎言来弥补第一个谎言，许多学生也是在初次尝到了“撒谎”的甜头后，一发不可收拾，渐渐成为谎话大王。

虚荣心理

中小学生喜欢出风头，引起别人的注意，常有虚荣心作怪。比如，为了成为班级焦点，有的同学常会炫耀自己，把一次好成绩说成次次都是好成绩，把一次做好事说成次次都是自己做好事，殊不知，这种无中生有、夸大事实的撒谎行为，是要有真材实料才能兑现的。

逆反心理

随着年龄增长，青少年的自主意识也会越来越强，针对教师的“唠叨”容易产生逆反心理，比如学期末有的学生明明还没有复习好，但是面对教师的热心询问，常以“准备好了”回应，以示对教师的“烦”。再比如我们经常会遇到个别“不听话”，常与教师“顶牛”“对着干”的学生，他们明知自己做错事，面对教师的批评不但听不进，反而抵触甚至采取过激言行，如果处理不好甚至会严重干扰课堂的教学秩序。

好奇心理

虽然在日常学习与生活中，我们教导学生诚实做人、诚信做事，但在互联网信息泛滥的当下，学生很容易看到、听到网络等媒体上的撒谎案例，加上学生的认知能力有限，面对良莠不齐的信息时，很难做出理性判断，个别甚至不以说谎为耻，反以说谎为荣，还有模有样地跟着学，这尤其要引起我们的注意。此外，在生活中，有时成人不注意也做出了撒谎的行为，无形中为学生提供了反面教材。

三、教师辅导站

作为教师，我们并不能简单地从道德角度去评价学生的撒谎，把它当成“洪水猛兽”，而是要从学生的心理去分析原因，寻找科学对策。

正面引导，崇尚诚实

预防学生说谎的前提在于正面教导，崇尚诚实。我们在日常教育中，要重视和培养学生诚实守信的价值观，尤其是对辰辰这样的小学生，正面管教比批评责骂更有效。一方面我们可以开展相关的主题教育，另一方面对学生的诚实行为和案例我们要及时表扬和鼓励，强化学生的正向行为，而对于学生的谎言，则要坚持以理服人，说服教育为主、批评为辅，帮助学生分析原因和后果，与学生一起商讨改正的办法。

识别首次，启发自觉

撒谎一旦形成习惯，纠正起来就会非常困难。对于教师来说，识别并抓住学生的第一次说谎行为并进行教育尤为重要。从学生心理来说，第一次说谎时他们的内心是矛盾的，既想承认错误又怕说明真相受到指责。因此，我们要细心观察，一旦发现学生的首次或前几次撒谎行为，一定要高度重视，通过耐心教育启发学生反思，引导他们意识到撒谎的坏处，自发改正，逐步形成良好的品德。在首次发现时，我们可以温和又坚定地询问学生："如果不撒谎，你最害怕的是什么？""你今天如果撒谎逃过一次，下次就有可能再重复，你觉得这样的行为持续是你期待的吗？"正如苏霍姆林斯基所言，只有能够激发学生进行自我教育的教育，才是真正的教育。我们要抓住学生说谎的关键时机，启发其自觉性，开展真正的自我教育。

榜样示范，理性处理

正所谓"学高为师，身正为范"，我们要时刻注意自己的一言一行，为学生树立诚实守信的模范，多为学生积累积极向上的榜样经验。在与学生交往时，如果出现不诚实的行为，我们也要主动向学生道歉和解释。同时，当学生出现撒谎时，我们要及时反思自己的教育方式，避免成为学生撒谎的间接助推者。案例中辰辰之所以不敢如实告诉家长自己的语文成绩，无非是因为他知道这次没考好，告诉家长实情有可能换来一顿骂，与其那样不如悄悄掩饰掉。这种逃避心理可以理解，但它也提醒我们，学生是不会莫名撒谎的，他们需要理解和支持，我们要看到学生平时的努力，不能单纯看成绩，对于学业出现困扰的学生，更不能一味批评，而是要和学生推心置腹，了解缘由，尝试通过纵向比较找到学生的闪光点，多肯定，多鼓励，必要时可以和家长反馈，帮助学生形成良性的支持系统。

三位一体，发挥合力

孩子的成长贯穿于学校、家庭与社会环境之中。研究表明，中小学生出现撒谎行为，一个重要原因在于家庭、学校、社会的信息不对称。案例中若不是辰辰妈妈碰巧询问老师，估计辰辰这次的谎言就能“瞒天过海”了。但麻烦的是，一旦辰辰通过撒谎受益，他的这种错误行为很可能会被强化。因此，在学生的成长过程中，家庭、学校与社会要紧密联系，教师要经常和家长通过家长会、线上平台等展开交流，协同合力，这样才能更好地预防与及时阻止学生的撒谎行为。

总之，有效处理学生的撒谎行为，不仅关系到师生关系的和谐，更对学生的身心健康发展具有重要意义。因此面对学生的撒谎行为，我们要理性对待，积极引导。

（上海市普陀区教育学院　心理教研员　田守花）

班里有孤独症谱系障碍学生，该如何帮助他？

航航刚入校时，班主任发现他总喜欢课间一个人玩，有时候喜欢晃身体、晃手等，重复做一些看起来没多大意义的刻板的动作。任课老师也反映，上课问他问题，他似乎不能理解，总是回答得驴唇不对马嘴，答非所问。语文课堂的有感情朗读环节对他来说非常困难，他很难体会课文中人物的心理感受。航航虽然有一定的语言能力，但是无法有逻辑地表达，无法和同学针对一个话题谈下去，总是变换话题，自说自话，仿佛沉浸在自己的世界里，这往往让班上同学感觉"聊不来"。航航喜欢每天走同样的路去学校，课表如果临时改变常常会让他难以接受。班里的学生都觉得他怪怪的。

一、了解概念

航航其实是一名孤独症谱系障碍儿童。那么，什么是孤独症谱系障碍？教师可以从哪些方面去帮助这类学生呢？

孤独症谱系障碍的基本特征有以下几点。

一是在多种场所下，社交交流和社交互动方面存在持续性缺陷。比如难以与他人建立关系或分享想法感受，不知道如何加入谈话、结束谈话等。

二是存在受限的、重复的行为模式、兴趣或活动。如重复晃动身体、不停翻书、难以接受和往常不一样的临时安排、当提到自己时使用“你”、喜欢触摸某类触感的物体等。不同的孤独症谱系障碍患者有不同的兴趣表现，但行为模式的特点都是受限的、重复的，比较常见的是涉及对味觉、嗅觉、质地或食物外观的过度反应或仪式动作等。

三是这些症状从儿童早期开始出现，症状通常在12～24个月被识别出来，症状严重的可能在12个月之前被发现，症状轻微的也可能晚于24个月才会被发现。这些症状导致患者社交、职业或其他重要功能方面受到损害。

该障碍的表现根据孤独症状态的严重程度、发育水平和生理年龄的不同会有很大差异，因此使用术语“谱系”。孤独症谱系障碍包括我们通常所讲的孤独症（自闭症）、阿斯伯格综合征等。

二、探索原因

据报道，近些年孤独症谱系障碍的患病率已经接近人群的1%，尚不清楚高患病率是因为诊断标准的扩大，还是患病人群出现了真正的增长。引起孤独症谱系障碍形成的原因，当前研究说法不一，尚未有定论。

遗传学因素

对孤独症患者的家族进行研究发现：儿童孤独症同胞患病率为2%～7%，比一般人群发病率提升了50～100倍，双生子研究则显示：同卵双生的孤独症共病率在60%～90%之间，异卵双生的共病率在5%～10%之间。由于同卵双生子具有共同的基因而异卵双生子则没有，这种共病率的差异证明遗传因素是儿童孤独症发病的重要原因。

神经生物学因素

大量反复研究发现孤独症谱系障碍患者可能存在小脑位置的病变，其他重复性研究也报道了小脑皮质、边缘结构（比如杏仁核）等部位的异常。另外一些科学家通过对孤独症患者大脑发育过程中头围的研究推测，患者大脑不规则的生长会导致神经物质的过度生长，这种生长不能够准确地分化功能区，所以可能导致孤独症谱系障碍者很多认知和行为的异常。

其他领域的争论

不少研究发现，免疫功能障碍可能与孤独症的发生或发展存在着某种相关，但具体作用机制如何，出生时的复杂因素、特定的新陈代谢因素或环境毒素与孤独症是否存在因果关系，仍未能证明。

三、教师辅导站

尽管孤独症谱系障碍的成因尚不明确，但是在实践过程中，对这类特殊孩子的教育支持手段已经初见成效。

重视科学评估安置

孤独症孩子入学前的医学和教育评估很有必要，对于障碍程度较为严重的孤独症儿童，比如孩子无语言或弱语言，几乎不能参与集体课堂，可能到特殊学校接受学科知识和教育康复训练会是一个更有利于孩子身心发展的选择；对于障碍程度尚可，有一定语言交流能力，能在辅助提示下参与集体课堂的孩子，可能到普通学校随班就读，接受资源教师专业辅导会更好；当家长对于孩子的教育安置形式犹豫不决时，可以建议家长多听听医学和特殊教育专家的建议。目前在上海等地已经成立相关特殊教育评估中心，专门邀请医学和教育专家对特殊孩子进行入学前评估，并给出专业指导建议。

创设一个接纳的环境

班主任可以通过查阅孤独症相关资料、家访等形式深入了解孤独症学生的特点，在此基础上多和任课教师沟通，交流班级里孤独症学生的兴趣特点以及注意事项等；同时带动班级一起观看介绍孤独症的宣传片，了解孤独症谱系障碍儿童的特点，进而能够对一些看似“怪异”的行为有更多的包容和理解。另外教师可发动班级普通学生的力量，轮流为孤独症谱系障碍学生提供同伴支持，帮助他们识别上下课铃声、参与课间活动等。这样不仅可以增强普通学生的责任心和爱心，也可以让孤独症谱系障碍儿童对新环境产生归属感，更快适应环境。

实施针对性教育

教师可向学校资源教师或特殊教育巡回指导教师求助，对孤独症谱系障碍学生实施评估，根据评估结果制订个别化教育计划，在教育策略上和所有任课教师保持一致。

社交技能和生活技能的提升是孤独症谱系学生训练的重点，教师可以从这两大方面入手。在教育中还要善于发现学生擅长的地方，比如有些孤独症学生擅长数学计算，有些在音乐方面表现突出，教师可以多多提供资源和平台，培养学生这方面的能力，以期转化到更广阔的学科或领域中。对于障碍程度较严重的学生，学校可以请有特殊教育经验的影子教师（助教）辅助孩子参与课堂，融入班级活动。

制作一日作息程序时间表

结构化或者程序化的内容通过图文并茂的形式呈现，比如可将每日课表安排用学生能够看得懂的方式列出，每完成一项，便打个钩，这样更容易让孤独症谱系障碍的学生清楚接下来要做什么，进而减少焦虑感，预防情绪行为问题的产生。教师可将学校的一日作息表，贴在孤独症学生的课桌上，帮助学生熟悉学校的每天安排。

提前告知变化

孤独症谱系障碍学生比较难接受突如其来的变化，如临时更换课程、临时取消某活动安排、临时改变路线、临时更换来接送的家长等，都有可能造成该类学生的不安和情绪失控。至少提前半天告知，并在此期间时不时和该生提醒这个变化，让学生有充分的心理准备接受这个变化。

简而言之，对于孤独症谱系障碍学生，基于科学评估确定恰当的安置方式（特殊学校或随班就读）是非常有必要的，无论是哪种安置方式，悦纳包容的支持环境、针对核心障碍实施社交及生活技能训练、制作一日作息视觉提示表、提前告知变化等措施，都能帮助孤独症谱系障碍学生更好地成长和适应。如果孤独症谱系障碍学生有严重的情绪行为问题，持续时间久、发生频率高、尝试教育措施效果不佳，可建议家长带孩子去精神科就诊，医教结合共同干预。

（上海市浦东新区特殊教育学校　国家二级心理咨询师、一级教师　李楠）

为什么学生会喜欢上虚拟人物?

三年级的希希是个小小动漫迷，她卧室的墙上贴满了各式搜罗来的海报，她每天都要带上一个手办在书包里陪她上学，还要跟手办们说悄悄话。平时希希跟同学们交流的也是动漫相关的内容。每到课间，几个动漫迷就会凑在一起叽叽喳喳说个不停，有时会趁着老师不注意，拿出各自的手办展示一番，兴奋得很；上课铃一响，大家都只得悻悻地回到座位上去了。而且，希希的教科书上几乎每隔几页就有动漫人物的画像，都是她在上课或者做作业走神的时候画的。

最近，希希迷上了《航海王》里的路飞，每天书包里的手办就换成了路飞系列，同学们都羡慕不已……

期中考试成绩出来了，希希这次成绩下滑得很厉害。爸爸妈妈找她谈话，希希非常正式地跟他们说她不想继续读书了，她要跟路飞一样，到世界各地去探险。爸爸妈妈对希希动之以情，晓之以理，可是希希依然不为所动，这让他们非常着急。于是，他们来到学校，想跟班主任老师一起商量解决之道。

一、了解概念

虚拟人物一般是指由CG技术构建、以代码形式运行的拟人化形象，他们有鲜明的人物设定，一般被赋予完全虚构的形象与身份。他们拥有人的外观及性格特征，可以通过语言、表情或肢体动作进行表达，从而与人交流互动。

作为未成年人，学生对事物的爱好也是无可厚非的。但是，爱好是有一定限度的，如果这爱好影响了正常的生活和学习，那就称之为狂热或迷恋了。很多学生由于把控不好这个度，把个人爱好变成了阻碍自己进步的绊脚石，影响了自己的学习生涯，这时就需要进行干预。干预的第一步就是由教师和家长对他们善加引导。

二、探索原因

自身原因

虚拟人物迎合了学生们的兴趣，他们既是学生们崇拜的英雄，又可以与学生们沟通、共情。对学生来说，虚拟人物满足了他们心理上的需求，因此学生对虚拟人物的迷恋也情有可原。而且，虚拟人物的形象都非常唯美，人物设定也是积极向上的。这种纯粹、简单又富有包容力的“真”“善”“美”，为孩子们在“家—学校”“学习—吃饭—睡觉”等程序化、稍显枯燥的生活中增添了不一样的体验和感受。

家庭因素

现在的家庭组成以父母带着未成年子女居住的核心家庭为主。父母与孩子们的交流时间有限，加之邻里之间几乎没有往来，这就限制了孩子们的人际交往。网络时代，学生放学后，大多依靠网络与外界联系。由于生活环境的不同，孩子们之间的共同话题也是以虚拟人物为主。另外，在父辈与孩子们沟通的时候，虚拟人物会成为双方均热衷的“讨论点”。这是除了学习之外，家长和孩子之间的最有共同语言的话题之一了。

社会因素

商业模式决定了动漫宣传是无孔不入、铺天盖地的，它存在于生活的各个层面，并逐渐成为我们生活的一部分，对学生们日常的生活和学习带来了一系列潜移默化的影响。

孩子们的世界观还没有形成，对事物的接受还不能做到吸收外来事物的长处为己所用的“拿来主义”。因此，有些学生会被种种信息刺激，进而被同化，一次次任由自己沉迷其中而无法遏制。

三、教师辅导站

学生在学习之余，也应该发展自己的兴趣爱好，教师应该对学生的爱好加以正确的引导。如果学生因为一味地喜欢虚拟人物，沉迷于故事中，把自己当成故事中的人物，从而耽误或放弃了正常的学业，这就是非常令人遗憾的事情了。

如果自己的学生沉迷虚拟人物，教师应该如何行动呢？

改堵为疏，化被动为主动

教师可以在午休时间给学生们播放有教育意义的动画片，时间控制在半小时左右。让孩子们形成可以定期定时看动画的习惯，在教师可控时间和内容的情况下“过过瘾”。教师可以通过这样的“改堵为疏”，满足孩子们的兴趣。

表达感想，深入讨论

孩子们看完动画片后，肯定有很多想法想跟亲近的人分享，教师可以留10分钟的时间让他们自由发言。内容不限，可以是自己的观后感，也可以说说自己看过的同类动画片，或者仅仅是对动画情节或人物进行评价。教师只要倾听即可，无需参与讨论。如果孩子们讨论踊跃，还可以考虑分成若干小组，以期所有的孩子都能够有机会展示自己。

增加讨论环节，不仅把私下的谈论转成了公开的演讲，使得教师可以掌握孩子们的兴趣导向，而且还锻炼了孩子们的表达能力，对孩子们语言能力的提升有一定的助益。

家校合作，合理安排时间，给兴趣爱好一个“容身之所”

在学校里，每节课上课、下课时间和授课内容都是安排好的；回家后，学生们需要在短短的几个小时内完成诸如吃饭、洗澡、换衣服之类的事项。这样一来，很少有学生有机会留出一段时间去发展自己的兴趣爱好。教师可以通过让学习和兴趣兼顾的同学分享自己的心得体会，让学生对比着学会合理安排自己的学习时间，在完成作业和预复习等学业功课后，有固定的时间段发展自己的兴趣爱好（包括看动画等）。如果有学生的学业负担过重，教师可以邀请家长在可接受的范围内配合运行。这样，可以把学生不受控制的随时偷看偷玩，改造成限制于某些固定时间段内，既满足了学生自己的需求，也能督促其更好地完成学习任务。

提升孩子们的鉴别能力

由于孩子们心理的发展落后于智力的发展，因此在接收新事物的时候，缺少“去伪存真”的鉴别能力，往往“照单全收”。

教师在教书的同时，还要育人，让孩子们学会分辨是非，弄清什么是“好”，什么是“坏”。除了言传身教，教师还可以通过时事新闻、短视频等形式，让学生们展开讨论。在不断强化中，逐步提升孩子们的鉴别能力，让他们对待新事物更加谨慎和理性。

亡羊补牢，犹未晚也

学生犯错在所难免，而教师要尽力做到防微杜渐，通过开班会、播放视频等教育方式，让孩子在“泥足深陷”之前及时意识到自己喜欢虚拟人物的程度已经超过了“正常”，从而迷途知返；对于已经深陷其中的孩子，我们在联合家长纠正的同时，还可以求助于心理咨询师等专业人员。

新鲜事物层出不穷，其中精华与糟粕共存。教师在处理问题过程中，应时刻谨记：靠“堵”的方法仅能延缓一时，唯有改“堵”为“疏”，从锻炼学生的辨别能力着手，在他们形成一定辨别能力的情况下，辅以正确引导，及时调整，方能跟学生携手并进，走向成功！

（上海市第一人民医院　国家二级心理咨询师　张颖）

为什么他总是挑战教师的管教？

小王同学开学至今，已多次被任课老师投诉。因为小王上课期间情绪非常不稳定，常常会在课堂上与老师展开激烈的辩论，质疑老师的教学内容，甚至表现出愤怒。对于老师“课后继续讨论”的合理要求也表现出很强的对抗性，不愿意停止争论，影响课堂正常教学氛围。

老师们认为小王的质疑似乎充满了敌意与挑衅，对教学内容的质疑常常演变成为与老师的争辩，而且小王并不是故意只在某一个课堂上如此表现，许多老师都反映过这个情况。除了在教学内容上提出质疑和对抗，小王对老师的教育也不轻易服从，在班级里还会故意用语言攻击同学，甚至无故责备同学，受到一点点委屈和不如意就会大动肝火，满腔怒气，做出冲动的行为。老师对于小王的行为很不解，虽说青春期叛逆，但是这样叛逆的还很少见，而父母则反映孩子在家没有明显的这类现象。

一、了解概念

小王的这种表现很有可能是对立违抗障碍。在第五版《精神障碍诊断与统计手册》中对立违抗障碍被描述为一组以对权威人物的抗拒、挑衅、公然违抗、敌对等行为为典型特征的障碍，包括情绪失去控制，与成人争吵，易怒易激惹等症状表现，是破坏性行为障碍的一种。

这类儿童在临床的表现主要是对抗权威和规则的行为，很难服从管理；他们时常感到无助，自尊心受挫，常常因曲解别人善意的话而恼怒，发脾气时怨恨他人，把一切不顺利都归咎于他人，情绪不稳定，伴有易激惹、消极、敌意的情绪状态；社会功能也受到损伤，人际关系常常是破裂的。

对立违抗障碍在儿童青少年中患病率较高：国外调查发现儿童青少年患病率在2%～16%之间，而国内调查7～15岁的青少年时发现对立违抗障碍的患病率为8%。对立违抗障碍儿童多起病于学龄前期，且常常共患其他障碍，例如：注意力缺陷多动障碍、品行障碍、焦虑和心境障碍，等等，青春期达到高峰，男孩多于女孩。对立违抗障碍因为其对抗性、攻击性和情绪不稳定等特点，对儿童青少年正常的学习、生活、人际交往带来很大的消极影响，同时给家庭和社会也带来一定的压力。

二、探索原因

对立违抗障碍或对立违抗倾向的形成是由生理因素、心理因素、社会因素等多因素互相影响形成的。

生物因素

有研究发现对立违抗障碍儿童的肾上腺雄性激素水平较高；遇到精神刺激时，心率、皮肤电传导降低，说明儿童对刺激的反应能力减弱；另有研究发现对立违抗障碍患儿前额叶和杏仁核有异常、血清5-羟色胺低于正常等现象。近年来在执行功能方面的研究则发现对立违抗障碍儿童的意志力薄弱，行为缺乏目的性和计划性，这可能与额叶执行功能缺陷有关。

学校环境因素

在学校校纪校规的严格约束下，当儿童出现一些不符合规定的不良行为时，教师会对其进行责备与惩罚，如果此时儿童感受到自尊心受损，产生挫折感，在这种对立的情况下，儿童采取了敌对甚至攻击的应对方式，他们拒绝教师的管束，拒绝服从，这种应对方式促进了对立违抗障碍的形成。

家庭教养因素

家庭中很多因素都被证明是对立违抗障碍发展和持续的重要原因变量，比如教养方式不当、父母参与度低、监管不力、父母关系不和睦等。研究表明，对立违抗障碍儿童的家庭亲密度较低，成员之间的关系不紧密，矛盾、冲突较多。而家庭经济收入与儿童对立违抗障碍问题也有显著相关性，收入较低时，儿童的对立违抗障碍水平较高。很多研究表明，家庭经济收入对儿童对立违抗障碍的影响是通过其他因素的中介作用实现的，可能通过家庭的严厉惩罚、低水平的支持、较多的冲突和母亲抑郁，进一步影响对立违抗障碍。存在这些家庭问题的儿童就会感觉到混乱和忽略，没有规则感；父母如对儿童采用强制的态度进行教育，严厉束缚、肆意打骂、体罚，儿童在家庭中受到挫折，同样也会采用攻击的策略方式回应。有些孩子的对立违抗只针对家庭外的权威，这类情况多数是因为家庭对于攻击行为进行示范或奖励导致的。

个人特质因素

儿童对立违抗障碍的形成和发展不仅受到家庭环境和父母因素的影响，同时也受到自身一些因素的影响，如儿童气质、依恋模式、情绪调节和自我概念等因素的作用。儿童的气质与对立违抗障碍症状显著相关，比如自我控制能力、消极情感和感觉调节能力。当儿童自我控制能力高或感觉调节能力强时，不容易产生对立违抗障碍症状；消极情感较多时，对立违抗障碍症状增多。而依恋模式上，对立违抗障碍儿童更有可能存在不安全型依恋风格。

三、教师辅导站

遇到这样具有典型对立违抗障碍或者倾向的学生，教师们可以做些什么呢？

共情理解要深入

教师在对具有对立违抗障碍或者倾向的儿童展开工作前，要努力看到并理解这类学生的感受，他们的反抗和对立有时是一种自动化的反馈模式，主动拒绝、对抗权威是他们坚硬的保护罩。他们成长的环境让他们学会这样一种思考和行为模式，他们比普通儿童更容易没有安全感。因此，作为教师，更需要读懂他们的不安全感，对他们的行为模式给予更多的理解和共情。教师可以通过让学生绘画，讲故事，分享喜欢的音乐等，让学生把内心不安的因素表达出来。必要时可以寻求学校心理教师的帮助。

同时，儿童不断成长的自我意识，促使其逐步追求个体分化、张扬个性，这时，教师们要明白青春期儿童心理发展的规律与特点，理解学生追求自我独立、追求人际平等的需求，在教育过程中避免师源性激惹。

规则维护要坚定

对待明显表现对抗和敌意的学生，身为教师也很容易被激发起愤怒情绪，出现防备姿态，往往忘记聆听。因此，教师们在和这类学生沟通前，要先调整自己的情绪状态，选择相对单独的环境进行谈话。教师创设的氛围可以稍微轻松一点，在语气上可以是温和而坚定的，展示出教师对他的诚恳以及坚持的心。和学生沟通需要遵守的规则时，教师应对学生做得好的地方给予表扬和肯定，对于学生做得不好的地方，要先理解学生不遵守规则背后的真正原因，商量如何改善，明确做错事情会和其他同学一样受到惩罚。

家校合作不放松

学生的对立违抗行为往往与家庭环境有着密不可分的关系，其中父母教养方式对儿童的行为模式有重大影响。因此，教师邀请父母参与到整个干预过程中来是非常重要的。作为教师，我们建议家长带着孩子去相关的专业机构，参加正规培训，建议家长学习积极关注、倾听表达的同时，陪伴孩子在家进行不良行为的矫正策略练习。

总之，教育对立违抗障碍的孩子需要更多些的耐心和理解。在学校中，教师要尽可能创造平和放松的环境，关注学生的同伴交往情况，并与家长保持定期联系，这样有助教师和家长双方全面了解学生的发展趋势，并根据学生情况有效制定干预策略。

（上海市洋泾菊园实验学校　国家二级心理咨询师、高级教师　余智华）

为什么学生无法接受比自己表现好的同学？

小新和小怡是同桌，也是好朋友，每天都亲亲热热地一起上学、放学。可是升到五年级后，两个人之间相处时的气氛明显不对了。小新总是对小怡爱搭不理的，上学和放学也不一起走了，而且在跟别的同学的交谈中，小新还时常抱怨小怡装腔作势。

三天前，小新找到班主任，提出要调换位子。老师请她说明理由，她支支吾吾地说就是觉得小怡很讨厌，再也不想看到她了。

老师很诧异，以为两个人之间产生了不可调和的矛盾，就利用午休时间找了小怡。小怡听到后非常不理解，说她和小新之间并没有什么矛盾或争吵，只是暑假后小新就对她不理不睬了，平时有事情也是直接“嗯”“哦”等语气词就过去了。她实在不知道为什么会变成这样……

这引起了老师的疑问，于是找小新的妈妈沟通。小新妈妈说，四年级期末考试小新没有考好，所以暑假里她一直闷闷不乐的。爸爸妈妈开解了她多次也没有什么效果，于是让她趁着假期去找小伙伴们一起玩，也可以散散心。可小新情愿待在家里，有时会跟妈妈抱怨说小怡很自私，不跟她分享知识，所以期末考试她退步了而小怡却进步了。

一、了解概念

在学生中，像小新这样无法接受比自己表现好的同学的情况很多见，究其原因，我们认为主要是嫉妒心理作祟。嫉妒是指为竞争一定的权益，人们对应当团结的人所怀有的冷漠、贬低、排斥或敌视的心理状态，让人感受到难过。严重时，人自然会产生恨的情感。学生中嫉妒的种类也五花八门：有关于成绩的，如发现某同学在学习上超过自己，或考试成绩名列前茅，便感到很难过；有关于家境的，如某同学穿得比自己好，家里比自己家有钱，就感到不舒服；有关于教师的关注和鼓励的，如教师表扬了同桌而没有表扬自己，便非常不满，嗤之以鼻；还有关于同学关系的，如某同学的好朋友比自己的多，人缘好，便很不服气；等等。

其实，这些都是学生以自我为中心的表现。在家里，他们是4-2-1家庭结构的焦点，长期的自我中心，使得他们在学校的集体生活中也自诩为中心，不能接受任何怠慢和委屈。

二、探索原因

现代心身医学研究表明，嫉妒是一种不利于身心健康、不利于真诚团结、不利于学习进取的人格缺陷，是一种不健康心理行为。对学生而言，嫉妒心理不但影响身心健康，而且影响学习，甚至会影响孩子的一生，因此危害性很大。

自身因素

孩子们的世界观和人生观尚在形成之中。部分孩子没有"逆水行舟，不进则退"的概念，他们总认为只要别人不进步，我就可以原地踏步。所以在别人获得成果后，会生出嫉妒之心，痛恨别人的进步。

家庭因素

某些父母总会把别人家孩子的某项成就挂在嘴上，"对门的A考入了某中学""同事家的娃得了某个奖项""表姐家的儿子考出了钢琴9级"，等等，最终总结:“你看看你……” 孩子被处于比较之中，有时他们会认为，只要比较的对象下来了，自己就上去了，因此就出现了嫉妒之心。

社会因素

随处可见的排名，如各种 “Top 10”，甚至各种App都有排序，我们的孩子从小生活在这排名的世界里，排名的先后可以决定选择的范围和先后顺序。趋之若鹜和门可罗雀之间，就是排名的差别。“胜者王侯败者寇”，在这样的风气之下，孩子们纯净的心灵也受到了干扰，也唯排名论了。随之而来的，就是嫉妒之心了。

三、教师辅导站

嫉妒心强的孩子因其性格比较孤僻，与同伴和谐相处有一定的难度，需要教师和家长及时予以纠正。那我们应该如何行动去帮助这类学生消除嫉妒心理呢?

认清危害，净化心灵

嫉妒会消磨人的斗志和锐气，丧失应有的善良，造成人格的低下。教师首先引导学生认清嫉妒的危害，使其认识到嫉妒会影响情绪、产生偏见、影响人际关系。

除了让有亲身经历的学生现身说法外，教师可以组织学生看相关视频，并对视频进行自由讨论。讨论内容可以是针对视频中不佳的行为的，也可以是自己遇到的类似事件，或者是自己的一些感想。最后，推举一位负责人进行归纳总结。除非有学生特别失控的局面需要教师干预外，一般教师全程只需做观众即可。

树立自信

每个孩子都是独立的个体，业余时间应注意培养广泛的兴趣爱好。学校可以通过开设兴趣班或文体特长班的形式，挖掘他们的特长，引导孩子从事有益身心的活动，充实他们的精神生活，赶走嫉妒之心。

培养孩子宽容的品质

凡有嫉妒心理者，往往心胸狭窄，以“我”为中心。在教学中，教师应加强学生自我道德修养，引导学生尝试理解、接纳和信任他人。教师可以通过名著的阅读，辅以读书笔记、读后感等小作业，让学生在学习的同时，增长更多的阅历。

公平公正的竞争是人类进步的动力，但不良竞争却会导致不可估量的后果。可以跟孩子们聊一些励志的小故事，如某宿舍几位同学相互鼓励，共同考研成功，又或者高三某班同学齐努力，均考入大学，等等。竞争的目的是让自己更强，而不是拖住别人前进的脚步。

正视彼此的差异

每个人都有其独特之处，“天生我材必有用”。人和人之间总有差异，教师要让学生学会取长补短，扬长避短。

提高认知水平

正视自己是克服嫉妒心理的基本途径。教师要经常引导学生反思：我现在各方面表现如何？有什么优点？有什么不足？跟前一阶段相比，哪些方面进步了？哪些方面退步了？老师、同学对我有哪些评价？我该怎么办？这样，“吾日三省吾身”，在杜绝嫉妒之余，激发学生自身的奋进之光。

改善同伴关系

发展良好的同班友谊，营造和谐融洽的班级氛围。

1. 给予学生自主发展同伴关系、解决轻度矛盾的空间。

2. 秉持公正和中立的态度。

3. 更多地关心学生，定期与学生进行单独交流，及时疏导。

4. 积极组织有益于班级成员交流和感情培养的活动，如举办班级联欢会、趣味运动会等集体活动，以及建立学习小组等。

5. 心理教师还需培养学生解决矛盾和冲突的能力，并通过组织团体辅导，有主题、有目的地改善学生同伴关系。

家校联合

在发现学生问题的时候，教师一定要跟家长及时沟通。在学生有嫉妒的“萌芽”时，耐心倾听孩子的诉说，保护好孩子的自尊心，和孩子共同分析问题，在平等的氛围中消除其心中的种种困惑。

泰戈尔曾说过：不是锤的敲打，而是水的载歌载舞，使粗糙的石块变成了美丽的鹅卵石。嫉妒心理本身并不可怕，关键是教育者应该正视它，并且引导学生把嫉妒转化为成功的动力，化消极为积极，使自己更上一层楼。

（上海市第一人民医院　国家二级心理咨询师　张颖）

教师提问，学生不回答，是什么问题？

萌萌是五年级的女生，成绩中等，性格内向，上课时一向沉默是金，不过跟同学们在一起的时候倒也是有说有笑的。这天语文课上，老师让学生们按顺序接龙背诵古诗释义，当轮到萌萌时，她却卡壳了，站起来一言不发。为了不影响正常的教学进度，老师只好不断提醒，最后萌萌终于勉强过关。

趁着休息时间，语文老师找到了班主任，跟她反映了萌萌的情况。老师认为，小朋友已经五年级了，还是如此内向，不利于今后的学习。其他老师听到后也纷纷加入，觉得萌萌过度内向，猜测她是不是在语言表达方面有什么问题。

班主任也觉得萌萌在课堂上的表现与生活中的情况有很大的出入，于是带着这些疑虑联系了萌萌妈妈。

萌萌妈妈听后长叹了一声，然后跟老师抱怨，随着年级的升高，她越来越内向，在家里也很少说话，平时都是用“嗯”“好的”“知道了”“不去”等回答。家里人多问两句，她就径直回自己房间了。

一、了解概念

在学校里，萌萌并不是个例，很多学生在教师和家长面前都不愿意说话。更有甚者，连跟同学都极少交流。这些学生，他们的表达能力是正常的，但是在教师和家长等长辈们的面前，他们不愿意动脑，更不愿意动口，仅仅以个别含糊不清的语气词如“知道了”“好的”等以维持最基础的沟通。

对于这样的同学，教师和家长几乎无计可施，无论是苦口婆心的劝说，抑或是狂风暴雨的指责，对他们来说永远如石沉大海，没有丝毫影响。他们不是没有想法或者不会表达自己，很多情况下是懒得去回复。在他们的思想里，无论自己说什么，怎么说，结果都是一样的，他们无力去改变任何东西。

二、探索原因

在学生理解能力和学习能力正常的情况下，我们认为可能的原因有如下几点。

自身因素

理解和组织语言能力欠佳：现代家庭模式，使得孩子在校外很少有机会与人面对面交流；另外，在课堂学习中，对教师的提问需要一定的时间去理解和组织语句，从而影响了他们的回答速度。

没听懂或没听清教师的问题：普通话中夹杂方言、紧张、对所学知识的不熟悉等因素，均会影响学生对教师所讲内容的辨识程度，使得应答延迟或无应答。

自信不足，害怕出错：随着年龄的增大，孩子们的自尊心不断增强，在他们的心目中，出错是很丢脸的，尤其是在全班同学面前，这会遭到同学们的嘲笑。对他们而言，宁愿不回答，也绝对不能回答错误。

从众心理：随着年龄的增加，学生主动举手发言就少了。固然有问题难度增加的原因，但是孩子们的从众心理也不容忽视，即既然别人不回答，那我也就不回答了。

社会因素

目前，电视、电脑、网络已经是每个家庭的标配。家长们不允许孩子独自外出，而孩子在家中几乎没有伙伴，这就使得电视与网络成为了孩子最亲密的伙伴。他们沉湎于虚拟世界，在此找寻自己的快乐，因此他们所关注的都是电视与网络中的人和事，而对现实生活毫无兴趣，这就限制了孩子与他人的沟通。

家长因素

孩子在6个月就已经具有独立意识了，他们渴望被关注和被尊重。但是如果得不到家长的关注和尊重，孩子将被推向自闭与失落之中。父母和长辈由于种种原因，与孩子有效相处的时间较少，对孩子的关注也相应减少。家长们或是没有意识到与孩子相处的重要性，或者由于其他原因只能如此。孩子会认为父母不再重视或爱他了，那么又何谈自信呢？

教师因素

教师的口音、语速、术语的使用等，对孩子理解问题进而回答问题都会有影响。部分教师对学生回答的负面点评，会导致孩子们难以接受。受过一次挫折后，学生们对于无法确定的答案就再也没有兴趣或勇气去尝试了。

三、教师辅导站

我们可以从以下几方面促使学生主动与人进行交流沟通。

通过口语培训和作业，提高学生口头表达能力

教师在课内加强口语能力的培养，多提问开放性的问题，并让学生之间进行互相点评等，通过课堂上的积极互动，带动学生们表达的积极性。

课后口语作业的完成可以将课堂内的进步不断强化。借助各种学习平台，可以让学生上传口语录音或视频，又或者借助每日打卡的形式，每日花几分钟时间，聚沙成塔，形成良好习惯。

分清现实与虚拟，正确对待电视与网络

在课堂上，通过身边小故事或者新闻事件的举例，让孩子明白现实与虚拟世界的不同之处。比如针对某些热点话题，教师可以在课堂上发起一个微型的讨论

会，大家各抒己见。这样不仅可以使学生主动与他人沟通，也有机会倾听不同的观点。

通过创造环境，鼓励学生交往

孩子是家庭的中心，家中长辈对孩子的要求都是尽可能地满足，部分孩子会有自私、霸道的倾向。究其根源，还是与他人的接触太少。教师在课堂上有意识地增加学生之间的相互交流，比如每天给学生5分钟，让他们以小组为单位，自由表达——可以是对家长或教师的建议，也可以是难忘的旅行，或者是向往的生活，等等，让学生意识到无论有任何感想，都可以清楚且有条理地表达，也会有人倾听、共情。在表达自己的同时，学生也倾听并了解了别人。

在学校层面，通过并班或者全校范围内的活动，诸如艺术节、运动会等，让孩子们“走出去”，跨班级、跨年级，与不熟悉的同学一起玩耍，在沟通中尽量去寻找共同话题，促进交流。

调整作息，鼓励创造条件展开每日亲子交流

孩子和家长的沟通大多简短，并且大多都围绕学习展开，诸如“功课完成了没有”“这个考卷要签名”等。但是，一些“无用的废话”，家长还是需要与孩子多说几句的。教师引导孩子们把临睡前的十几分钟作为“亲子时光”，或者一起看一本书，或者随便聊聊学校里的新鲜事，或者说说今天遇到的开心和不开心的事情，或者讨论一下节假日的安排，等等。夜晚的静谧时光，除却了白天的喧嚣，柔和的灯光下，家长和孩子可以畅所欲言。这样既增进了亲子关系，也练习了表达，习得了倾听。家校联合，跟家长联合起来，共同努力，尽快让孩子们学会表达，喜欢交流。

学习必要的交流技巧与规则

在学生讨论后，教师可以让个别同学交流讨论的体会，现身说法地讲述自己的感想。教师因势利导，指点沟通中的技巧和禁区。另外，学生在团队活动中，通过共同协作，培养友谊的同时，也能提高沟通能力。

个别化干预

也有个别学生问题严重，积重难返。教师在给予他们尊严的同时，不抱怨、不放弃，对他们保有更多的宽容，给他们更多的鼓励。家校联动，求助于专业教师，由具有相应资质的专业心理教师进行个体心理辅导。相信通过专业人士的不断努力，随着时间的推移，孩子们终将学会爱，学会独立自主，学会与人联结，获得价值感与内心的安全感。

在教育孩子的过程中，我们教师要时刻牢记：爱是教育的原动力，教师关爱的目光就是学生心灵的阳光。孩子们是非常单纯的，只要我们给予他们一粒温暖而充满信任的种子，它就能在孩子们的心中健康且茁壮地成长。

作为社会生物，与其他人交往是我们生存的基本能力。促进学生们形成良好的人际关系不仅会让孩子们生活得更好，而且还能促进他们身心健康地成长。

（上海市第一人民医院　国家二级心理咨询师　张颖）

为何有的学生在家能言善辩，在校却沉默寡言？

小美是7岁女孩，某小学一年级的学生。班主任反映刚升入一年级时，小美就是一个很安静的小姑娘，老师上课提问让她回答问题，小美总是低头垂眸，偶尔回答说话的声音像蚊子嗡嗡，声调还有点颤抖，老师根本听不见，要不就是沉默以对。在常人看来，轻而易举地说话对于小美来说却是难于上青天。大家都以为她是胆怯害羞，对新环境的适应会比较慢一点，没想到一个学期结束，小美变得更是沉默寡言。班主任跟家长交流沟通后了解到，最近半年，小美在家还是能言善辩的，但在学校及其他社交场合，不管是对老师、同学还是陌生人，均沉默寡言。

一、了解概念

小美的这种表现有害羞的特点，害羞是恐惧、紧张、兴奋等各种情绪的集合，人在害羞的时候还会伴随一些身体上的反应，如面红耳赤、心跳加快、血压上升、手足颤抖，等等。害羞一般发生在公共场所和社交场合。

二、探索原因

有研究表明，遗传在害羞这个情绪集合中起着很大的作用，有的学生可能天性就害羞，在社交场合不喜欢大声说话，一见外人就脸红比较腼腆。

也有可能早期的家庭教育中父母对孩子的期待高出孩子的实际水平，导致孩子没有自信，总担心自己在很多方面不如他人，不敢表现自己。低自尊的孩子很容易过于在意他人对自己的评价，更害怕来自外界的批评，更不敢表达，由此形成恶性循环，越怕说错越不敢说，越不敢说越恐惧、紧张、害羞。

三、教师辅导站

遇到这样的学生，教师可以做些什么呢？

教师要认识并接受害羞的学生

害羞的学生通常没有自信、慢热并会担心回答问题、发言说话，如果害羞的孩子在准备好说话之前受到嘲笑或被施压，那么他们可能会变得更加沉默不语。教师们需要设身处地地理解害羞学生的焦虑，向害羞的学生提供支持和保证，并允许害羞的学生先跟其他人保持一定的距离，只有他们没有那么害怕了，才有可能向前迈一步。同意他们以自己的节奏适应并参与学校教育活动，不要强制训练害羞学生的胆量，有可能越练越胆小，在众目睽睽之下变得更紧张害怕。

帮助学生获得安全感

教师需要花点时间去家访，跟害羞的学生在他们熟悉的环境里一起互动，让学生多一点机会了解教师，对教师建立信任感。害羞的学生很有可能对自己的评价不高，常常感到自己不如别人，似乎是不太喜欢自己。教师要不吝啬对害羞学生的表扬、鼓励，当害羞学生不敢说、不能说的时候，要去寻找、去发现害羞学生做得还不错的地方，比如写的字、做的手工作品，等等。当害羞学生做出了不错的尝试，教师要及时给予称赞。

帮助学生发展社会技能

害羞学生的教育需要循序渐进才能取得进步，不是一下子就能够做得到的。在课堂上提问害羞学生时，一开始可以要求学生以肢体语言的交流，如点头摇头来表达，然后到可以用单个字来交流，如“是或否”，然后再用其他单个的词，接着到用整个句子，最后才到能用自己真正的声音来跟教师交流，这些都要有一个循序渐进的过程。学生能够跟自己的班主任交流，到他能够跟其他教师交流，这也需要一段相当长的过渡时间。

害羞的学生可能很难主动交流，教师需要组织能跟其他学生一起合作的有趣游戏，并安排其他同学主动邀请害羞学生。

家校医结合，共同帮助学生

如果害羞的学生在学校伴随更多生理上的反应，如全身僵硬、面红耳赤、心跳加快、血压上升、手足颤抖，等等，教师需要建议家长带学生到相关专业机构或医院就诊，接受精神科医生的系统诊断和治疗。教师也要配合医生的治疗，为学生提供良好、合适的学校环境。同时，教师也要多和学生的家长联系，了解学生在家里的情况。这样，才能使害羞的学生尽早适应学校环境，并与人顺畅地交流。

（上海新纪元双语学校　国家二级心理咨询师　郃志玲）

面对“零起点”的一年级新生，教师该怎么办？

淘淘刚刚进入一年级，班级有不少同学在进入小学之前已经学了拼音和写字，淘淘之前没有学过，完全“零起点”。语文李老师发现淘淘每当要写字的时候都愁眉苦脸，一点一横歪歪扭扭，教几遍还是写不好，在班级里算写字和认读拼音比较慢的孩子。当然李老师也知道淘淘不是那种先天智力发育有问题的孩子，但是因为他始终很慢，李老师很着急，想联系淘淘家长，但听说淘淘妈妈会因为孩子写不好字打骂他，所以，李老师一方面愁淘淘的学习进度，担心他跟不上其他孩子，另一方面又不敢和淘淘妈妈提要求，左右为难不知道怎么办才好。

一、了解概念

李老师的苦恼其实源自对一年级孩子的学业水平定位不清，对学生个体学习能力和学习动机分析不全面而产生的矛盾心情和焦虑情绪。小学一年级是学前教育向小学教育过渡的关键时期，是培养学生学习兴趣和良好学习习惯的重要阶段。近些年来，国家一直强调一年级要实施“零起点”教学。所谓零起点教学，是基于学生学科知识零基础的一种教学安排，它强调学校严格按照课程标准，安排教学进度，开展教学，杜绝教学过程中出现拔高和超前教学倾向。零起点并非指孩子"白纸一张"进小学，因为孩子的差异客观存在。但学校不能按那些抢跑孩子学得快、学得多的标准去加快教学进度、提高难度，而是要严格执行课程标准，按正常的教学进程来开展教学。实施零起点教学就是尊重学生成长规律，充分考虑学生的年龄特点和认知水平，是每一个学生获得应有知识的基本保证，是教育起点公平的必然选择。对于遏制幼儿园"小学化"倾向，减轻家长"抢跑"的焦虑有重要作用。

二、探索原因

李老师的矛盾和焦虑情绪，通常来说可能由以下原因导致。

教师对零起点教学的不认同

零起点教学是国家教委近些年提出来的要求，在现实生活中，不少教师因为之前的固化思维，唯分数至上，对于教委的新理念接受度不高。而且，这些年家长们在"鸡娃"的道路上投资越来越大，越来越早，同一个班级层次差距大，教学进度和教学内容不好把握。

教师对学生非智力方面因素不了解

造成学习有一定困难的原因并不一定只和智力相关。注意力缺陷，学习动力、亲子关系、家庭环境、同伴交往情况等非智力因素都可能影响学生的学业表现。李老师认为淘淘没有智力发育问题，但对淘淘其他方面情况并不清楚，有点雾里看花，找不准原因从而没有有效的应对策略。

和家长缺乏正面坦诚沟通

一年级孩子刚升入小学，面对新校园、新同学、新老师、新的学习方式，孩子本身就有个适应过程，这期间家长和孩子一样都有压力，家长也内心忐忑不安，他们不确定自己的孩子是否能适应新阶段的学习，刚开始采用了错误的教育方式也是可以理解的。教师从侧面了解到家长教育方式简单粗暴就畏首畏尾不寻找进一步坦诚沟通的机会，这不利于后续工作的开展。教师需要通过和家长的正面坦诚沟通了解更多孩子学习情况，尤其了解非智力因素的发展情况，从而更好地和家庭合作，找到孩子学习进步慢的真正原因。沟通时，如果用告状的方式，批评指责家长和孩子，则家长很容易产生身为父母没教好孩子的挫败感，从而有些家长恼羞成怒转而责骂孩子，又或者和教师闹矛盾。采用正面积极的探讨式的沟通方式，大部分家长是能够体会到教师用心良苦的。

那么，教师怎么缓解这种矛盾焦虑情绪呢?

三、教师辅导站

幼小衔接不仅是知识学习上的衔接，更重要的是孩子心理、行为以及学习习惯、人际交往等方面的衔接。一定要结合孩子的实际，遵循孩子的成长规律，不盲目追求超前教育，不对孩子提出过高的要求。建议教师放平心态，多肯定少批评，消除焦虑，尽早和家长冷静地沟通孩子的情况。这样，也更有利于孩子尽快融入小学生活。

教师需自我审视对“零起点”的认知

小学零起点教学提出的目的是让学校关注每一个学生，不让任何一个孩子掉队。教师对零起点政策要有深刻的理解和认同。以人为中心，以学生发展为本来思考教育的价值，只有这样才能从主观思想上积极配合零起点政策的实施和落实。不开展任何形式的分层教学，不布置要求家长完成或需要家长代劳的作业，不要求家长批改教师布置的作业或纠正孩子的作业问题。教师应该积极主动地思考零起点的对策，在学校通过丰富的班集体活动激发学生在学校的学习兴趣，通过奖励机制帮助孩子养成良好的学习习惯，从而乐于来学校。

另外，研究表明，小学三四年级时，多数在一年级之前有过学科知识储备的孩子已经没有很明显的优势，零起点的孩子在常规教育下能在三四年级达到正常水平。因此长远来说一年级学科类知识的零起点对孩子发展并没有多少影响。

教师应更全面了解学生，必要时寻求其他教师包括心理教师的协助

学生学习成绩除了和学习能力有关，与学习动力也有很大关系。在小学阶段，学习动力对学生学习过程及结果的影响甚至比学习能力更大。零起点的一年级新生，面临着从幼儿向小学生角色的转变过程，学习状态很有可能受环境以及孩子适应环境的能力影响，可能存在着和同学交往的问题，也可能因为家庭过于焦虑导致学习情绪不佳等问题。教师多观察学生在班级除学习之外的其他表现，或者向更有经验的教师请教，或者寻求心理教师帮助，对学生的注意力情况以及学习情绪等其他非智力因素进行初步的访谈评估，从而更全面了解学生，有的放矢地激发学生的学习积极性，比如运用红花、红章、小礼物等小奖励品给予孩子及时的鼓励，让孩子们在班集体中找到自己的位置，对班级有认同感和归属感。

教师也需要积极思考适合调动零起点孩子学习积极性的教学方式方法。比如从课堂导入开始使用能够调动学生触觉、视觉的方法，让学生在看得见摸得着的情景中不知不觉地进入学习状态；多采用游戏式趣味化的教学组织形式吸引学生注意力，使其产生兴趣。

教师与家长坦诚相待、积极沟通，减少家庭负面因素的影响

对于一年级的孩子家长来说，孩子的学习成绩不理想自然会有压力，有些家长可能会因此对于之前自己没给孩子提前学小学内容而感到自责。因此家长此时的情绪感受可能是自责和焦虑交织在一起的。家长的心态能否被教师理解，是教师能否做好家校合作工作非常重要的第一步。教师充分发挥共情能力，换位思考，理解家长的困难和压力，秉着为了孩子的终身发展这个共同信念，才能真正赢得家长的信任和支持。只有这样，家长才愿意配合学校认真学习良好的家庭教育理念和方法，减少家庭因素对孩子学习态度的负面影响。

总之，一年级“零起点”的学生学习遇到困难，如果教师能对孩子非智力因素多一份了解，与家长和其他教师多一份积极、有建设性的沟通合作，对“零起点”政策多一份认同，必然能促进孩子更好地度过一年级的适应期。

（上海市洋泾菊园实验学校　国家二级心理咨询师、高级教师　余智华）

为什么学生总是坐不住、动不停？

小张是一个三年级男生。在幼儿园的时候，小张就不怎么听老师讲课，在其他小朋友安静坐着时，他会跑出教室。

进入小学后，小张上课经常走神，时常发呆，有时还会扔橡皮，扔纸团，在座位上扭来扭去，小动作不停。他甚至会在上课时离开座位，在教室里走来走去。在老师提醒后，小张能回座位坐好，但不久之后就会忘记，经常反复。排队或游戏时，小张无法耐心等待，总要插队或抢先。小张的课桌和书包经常乱糟糟，常常找不到要用的书或作业本。回家做作业很拖拉，不愿做作业，必须有家长陪同在旁才会比较安稳，也常常被周围的小事吸引。一、二年级时，小张成绩尚可。进入三年级后，小张成绩开始下降，出现忘做、漏做作业的情况，准确率也开始下降。上课时，小张基本不听，经常插嘴，扰乱课堂纪律，影响其他同学。对于老师的提醒和批评，小张也不放在心上。在家里，小张对父母的教导置之不理，有时甚至发生情绪激烈的对抗，对手机、平板电脑等电子产品的兴趣日益高涨，逃避学习。

小张也不知道为什么自己就是坐不住、动不停，可却也控制不住……

一、了解概念

小张的表现属于注意缺陷与多动障碍，就是我们平时俗称的“多动症”，主要表现为与年龄发育不相称的注意力涣散，不分场合的过度活动和情绪冲动，多数会伴有认知障碍或学习困难，智力正常或接近正常。多动症的患病率大约为5%。注意缺陷、多动和冲动是其三个核心症状。

注意缺陷指行为上表现为游离于任务、缺乏持续性、难以维持注意力以及杂乱无章，且并非由于违拗或缺乏理解力所致。患有多动症的学生上课不能认真听讲，易受外界细微干扰而分心；做作业不能全神贯注，做做玩玩，或粗心草率；做事无始终，不能按规则或要求去完成，常半途而废或频繁地转换；当他们注意到新事物时，则对原来的事物不再注意；常出现脱离任务的行为。

多动指在不恰当的时候过多的躯体运动（例如，孩子到处乱跑），或过于坐立不安、手脚动个不停或讲话过多。患有多动症的学生常表现为明显的活动、小动作严重增加，随时处于发动状态，东奔西跑，七嘴八舌，过度喧闹；喜玩危险的游戏；常丢东西。

冲动指深思熟虑之前或毫无思想准备地采取行动的一种倾向性。患有多动症的学生做事不顾及后果，心血来潮地行事；常与同学打斗或发生纠纷，造成不良后果；在别人讲话时插嘴或打断别人的谈话、干扰别人的活动。

二、探索原因

注意缺陷与多动障碍是一种神经发育障碍，由多种因素单独或协同作用。

生物学因素

遗传因素：大量调查表明，注意缺陷与多动障碍具有遗传倾向。30%左右的注意缺陷与多动障碍儿童的家属也患有该疾病。有实验显示患儿父亲为注意缺陷与多动障碍的概率是对照组的20倍，同胞为注意缺陷与多动障碍的概率是对照组的17倍。男女发病率约为3 ∶ 1。症状越严重，遗传的影响也越大。

脑结构与功能因素：有研究发现注意缺陷与多动障碍儿童的大脑额叶、基底节等部位存在结构和功能异常。注意缺陷与多动障碍病人的症状越严重，其额叶、颞叶灰质、尾状核及小脑的体积越小，额叶-纹状体系统的皮脂及皮质下结构的神经生理功能的异常在该障碍的病理生理机制中起重要作用。

神经递质因素：注意缺陷多动障碍的发生与神经递质有关。有学者认为多巴胺和肾上腺素的更新率降低或多巴胺的敏感性增高可能是导致注意缺陷与多动障碍的原因。有部分学者认为注意缺陷与多动障碍儿童的中枢神经递质缺乏导致大脑的抑制功能不足，不能有效地过滤进入大脑的无关刺激，势必导致注意力不集中和多动。

环境因素

家庭环境：注意缺陷多动障碍的发生与家庭结构、家庭类型、父母的教育方式和对孩子的期望值关系密切。有调查发现，在家庭环境因素中，父母关系为经常吵架、分居和离婚家庭的多动症儿童患病率明显高于普通儿童。家庭经常采用粗暴打骂孩子、干涉孩子活动方式与注意缺陷多动障碍的发生关系密切。

社会环境：虽然环境污染和注意缺陷与多动障碍的关联还有待进一步证实，但有研究发现，铅浓度与教师负性评价之间有着明显的正相关关系，医生诊断注意缺陷与多动障碍的符合率与发铅量之间存在显著正相关关系。

三、教师辅导站

管理注意

环境安排：简化教学环境，尽量减少诱发学生注意力分散的因素，尤其是学生眼光注视的教室前方的布置要单纯。避免将其安排在门窗附近，以减少其分心机会。

同伴影响：安排专注力比较好、学习习惯佳、包容心强的学生与其同桌，作为示范的榜样。

时间安排：采用“速效定位法”将任务分解，缩短活动时间，在学生完成每个任务后，给予正强化以鼓励他们朝目标行为靠拢。利用学生喜欢做的活动，训练其注意力的维持，在注意力提升后，尝试迁移至其他活动。

课堂教学：上课时与学生保持良好的眼神交流，善用言语、手势、教具等，引导学生专注在任务上。创造让学生参与课堂的机会，如回答问题、读题目、上台演算等，防止其分心。在学生无法集中时，用适当的方式加以提醒。利用竞赛或小组合作的方式，激发兴趣，让其参与到学习活动中。

习惯养成：安排课代表在教室指定位置写下每天作业，要求学生在规定时间内抄至备忘本，帮助学生养成记录回家作业的习惯，并对部分学生进行必要的抽检。定期教导、检查学生整理书包，并学会将书本、作业本、试卷等进行分类摆放。

管理多动

替代管理：让学生有机会通过被允许的动作代替无意义的多动动作。如可以和学生约定，在完成作业后，可以离开座位，把作业交到指定区域，或者到墙上的图表处做个记号；也让学生为班级和教师做力所能及的事情，如分发作业等。

目标行为管理：请学校特教教师、学生家长或影子教师等进入课堂，观察学生的行为，从而确定目标行为及发生频率。通过与学生的讨论，确定要改变的行为和目标，以及学生喜欢的强化方式。确定以后，教师和家长可以根据讨论结果进行观察、及时强化和跟踪评估。

管理冲动

冲动释放：在课程及活动设置时要注意满足学生对刺激性、活动性的需求，让学生有机会动起来，释放冲动的同时还能保持有效注意并完成相应的任务。

学习等待：在需要学生等待的时候，可以给学生提供一些替代性的语言或动作反应，训练、提醒学生使用，在学生完成目标行为后，及时给予肯定和鼓励，如“老师观察到你很耐心地在队伍里一边默默数数，一边排队”。

注意缺陷与多动障碍是一种神经发育障碍，不是学生不想做好，而是他做不到。很多看似很简单的任务，对他们来说都是很大的挑战，需要教师耐心的指导。只有明确这一点后，我们教师才能在日常教育教学工作中针对问题，科学应对。

（华东师范大学第四附属中学　国家二级心理咨询师　张薇）

他上课注意力不集中，总爱神游，这是怎么了？

新学期开学不久，班主任发现小亮经常在课堂上做一些跟学习无关的动作，比如将手放到老师看不到的地方做小游戏，趁老师不注意的时候和前后同学讲悄悄话。有时候布置一项作业让小亮完成，小亮没做多久就又玩起了自己的铅笔盒，注意力完全放到了铅笔盒的开关设计上。

其他任课老师也反映，小亮坐在座位上，眼睛是盯着老师的，但是请他回答问题时，小亮却不知道提问的是什么问题。教室里稍微有个声响，小亮的注意力马上就被引到发出声音的地方去了。有时候小亮会盯着窗外发呆，特别像孙悟空的分身术，身体在教室里，带有思想的"分身"早已经飞远了。课堂练习环节常常因为粗心大意而出错，漏掉题目、看错数字是经常的事。每天来学校像没有记性一样，忘带作业、学习用品已经成为家常便饭。老师们提醒多次，但似乎并没有太大效果。

一、了解概念

这是一种注意力分散行为，如果儿童表现出的行为与其要完成的任务所要求的行为很不一致，或者干扰到儿童要完成的任务，那么可以判断这个儿童出现了注意力分散的情况。

常见的注意力分散行为有在完成任务的过程中做不相关的事情，比如上课时与同伴讲与课堂内容无关的话、玩尺子、抠橡皮等，一些儿童可能会表现出发呆、神游等行为，也有一些可能会无故站起来，离开座位在教室里走动。

儿童表现出上述的行为有时只是影响到他们自身的学习，有时会严重干扰到周围的同学和课堂秩序。

二、探索原因

学生注意力分散的原因主要有以下几点。

个人方面

一些有生理疾病及障碍的儿童更容易发生严重的注意力分散行为，比如多动症儿童，由于中枢神经系统的兴奋程度不足，他们往往缺乏足够的自我管理和自我控制能力，很容易受到外界刺激的干扰，较难保持注意力在课堂任务上，另外智力受损的儿童也容易出现注意力分散的行为。

家庭方面

家庭氛围对孩子的注意力品质有很大影响，如果家庭气氛和谐，在这种环境下的孩子情绪会相对稳定，做事情的时候心态平和，就会相对保持注意力的集中；如果家庭成员经常吵架争执，孩子从小在这种环境中生长，会变得紧张、焦虑，在做事情的时候会很容易受到负面情绪的影响，进而影响注意力的保持。另外偏食、厌食的孩子因为缺乏一些微量元素，也会影响大脑神经系统发育的平衡性，导致孩子注意力分散。

学校方面

学校学习环境布置是否有序对学生注意力的保持有一定影响。在课堂上，如果教学目标过高，教学内容过难，教学环节设计过于枯燥，学生需要付出更多的努力去跟随教师的上课节奏，也更容易感觉疲劳，从而出现注意力分散的行为。

另外设计内容如果过于简单，也容易让孩子觉得无聊，进而出现分心。每个教学环节之间缺乏清晰的开始和结束指令，教学方式过于单一或者花样太多，都容易影响学生的听课效果。

社会方面

小学生注意力分散不仅是一个教育问题，也是一个社会问题。随着大众生活水平越来越高，孩子非常容易接触到形形色色的电子产品。如果儿童的视觉、听觉等器官适应了动画片、游戏等的快速变化的刺激，会导致神经兴奋水平的提高，再想安安静静地坐下来看书或做事情将会非常困难，他们在看书或做作业时出现注意力不集中的行为也会成为必然。

三、教师辅导站

提升学生注意力水平不是一蹴而就的，需要教师保持耐心并付出有针对性的行动，教师可以从以下几点来改善学生的注意力。

创设适合的学习环境

对于班主任来说，创设良好的学习环境有利于学生集中注意力。首先，墙面环境设计合理会对学生的注意力产生影响，尤其是墙壁正面或视角范围内的位置。在这些位置应避免布置具有感官刺激的绘画、比赛内容，混杂的布置也容易引起学生注意。其次，课桌、座位环境对学生注意力也有影响。在课堂上，教师应引导学生仅摆放与本课相关的课本及学习用具，尽可能减少或撤销无关刺激。对于非常容易分心的儿童，教师可安排在教室前排相对比较安静的区域，远离门、窗等。

明确要求及时鼓励

教师在设计活动之前，需要事先向学生清晰地讲明活动的要求，教师对能够集中注意力完成要求的学生及时给予一定的鼓励。对于注意力分散程度严重的学生，可以该生注意力现有水平为基线，如果有进步则给予肯定或奖励。在紧凑的教学环节中，对于低年级注意力易分散的学生，针对其努力参与课堂的行为，教师可以给予及时口头语言肯定，会更有利于注意力的维持；对于高年级注意力易分散的学生，针对其努力参与课堂的行为，教师可以用便笺提醒或同伴提醒等方式帮助养成集中注意的习惯。

正向沟通积极引导

对于容易分心的儿童，教师可在他们刚刚出现分心行为的时候采取正向沟通的措施引导儿童继续参与课堂活动。比如当教师发现学生沉浸在自己想法中，思想开小差时，可以轻轻拍拍他的肩膀，语言提示“前面你很努力地在听老师讲课的内容，继续加油哦”，取代消极批评“你怎么又开始神游了”。贴标签式的批评语言可能会强化学生注意到自己的分心行为，并慢慢接受自己就是一个喜欢神游的孩子，不利于培养儿童良好的注意力品质。相反，教师用语言描述学生曾经做到或努力做到的正向行为积极暗示学生，可促进学生集中注意力在课堂上。

适当进行注意力提升专项训练

教学环节的趣味性、有效的教学互动以及清晰的开始结束指令等可以帮助提升学生的注意力。如在情景创设中可以融入学生关心的话题或喜爱的事物；提问的方式可以不仅仅局限于师问生答，也可以根据情况采用生生互动、小组之间比赛等形式；在每个教学活动开始和结束时都有和学生约定好的“暗号”，如在活动结束时，教师可以说“1，2，3”，学生齐说“停下来”，作为一个活动结束的提醒，将学生的注意力从活动中拽回到教师的下一个教学环节中。

班主任和心理教师可以在心理班会课或心理课上设计提升注意力主题的课堂内容。目前借助舒尔特方格训练注意力的方式比较普遍。舒尔特方格是在一张方形卡片上画上1厘米×1厘米的25个方格（如图1所示），格子内任意填写上1～25共25个阿拉伯数字。训练时，要求用手指按1～25的顺序依次指出其位置，同时诵读出声。数完25个数字所用时间越短，注意力水平越高。练习的时间越长，看表所需的时间会越短。随着练习的深入，可以培养注意力的集中、分

25	17	11	12	7
14	6	23	19	4
8	2	9	15	21
3	16	18	1	20
13	22	5	24	10

图1　舒尔特方格

配和控制能力。

必要时建议医学介入

如果教师进行了很多的行为干预尝试仍然觉得效果不佳，儿童仍难以集中注意力，上课小动作特别多，一节课的时间里很难安稳地坐在座位上，平时人际关系也比较差，等等，心理教师可使用一些量表（如CONNERS教师评定量表、CONNERS简明症状问卷、IOWA CONNERS教师评定量表、SKAMP评定量表等）对学生行为进行初步评定，辅助识别儿童是否是多动症患儿。如果学生的日常表现及儿童行为评定量表两个方面都显示学生有多动症倾向，可与家长耐心沟通，介绍学校对学生行为干预所做的努力和效果，委婉建议家长带学生到医院做医学评估，请医生评定是否需要医教结合共同干预。

总之，当学生出现注意力不集中的情况时，教师需要对此类学生保持耐心，适当调整教学环境，针对学生专注听讲的行为及时鼓励，心理课上可以设计提升专注力主题的内容，必要时建议家长去医院寻求医学帮助。

（上海市浦东新区特殊教育学校　国家二级心理咨询师、一级教师　李楠）

学生精神发育迟滞，是什么问题？

小明是某小学四年级学生，三年级时他在某精神卫生中心进行智商测验，智商评定为56，并伴有轻度适应行为障碍，被诊断为精神发育迟滞，成为了一名随班就读学生。他上课时经常注意力不集中，小动作很多，一会儿玩玩橡皮，一会儿摇摇桌椅，老师提醒后没几分钟他又控制不住地乱动，有时还会大发脾气；记忆力较差，一个小的知识点需重复多遍才能记住，但很快又遗忘；一个简单的技能练习多遍依然不能熟练掌握，动作通常显得笨拙、不协调；口语表达能力及语言理解能力较弱，口齿不清，对于别人的提问经常无反应；运算、逻辑推理能力方面更弱，连100以内的加减法都不会做。学习成绩极差，语数英三门学科成绩加起来都不超过50分。日常基本上没有朋友，课间常常一个人静静坐在自己的座位上，偶尔有同学主动跟他交流时，他常常目光游离、心不在焉，或者就是答非所问，很难融入集体活动中。

面对各方面发育都比同龄人迟滞的随班就读生小明，学校和教师们有点不知所措。

一、了解概念

小明之所以会有这些日常行为表现，主要是因为他患有精神发育迟滞。精神发育迟滞，也称为智力落后或精神发育不全，是一种常见的发育障碍，是一组以智能低下和社会适应困难为显著临床特征的精神障碍。

精神发育迟滞的主要特征是智能低下，发展滞后，心理年龄低于生理年龄，其鉴定主要包括智力功能的评估和适应行为的评估。根据智力低下的水平和社会适应能力缺损程度，世界卫生组织将精神发育迟滞主要分为轻度、中度、重度、极重度、其他及非特异性六类，我国分为一级（智商低于20，适应行为极重度）、二级（智商20～34，适应行为重度）、三级（智商35～49，适应行为中度）、四级（智商50～69，适应行为轻度）四个级别。所以小明被诊断为轻度精神发育迟滞。

精神发育迟滞的学生感知觉能力低，感觉反应迟钝，知觉速度缓慢；难以将注意力集中在特定的学习任务上；识记速度缓慢，容易遗忘，知识再现和再认困难；思维刻板，缺乏目的性和灵活性。因此，他们的学业成绩往往很差。而且，生活自理能力和社会交往能力也普遍较差。

二、探索原因

导致精神发育迟滞的原因很复杂，通常不是由单一的原因造成的，目前已确知的主要原因有以下几个方面。

出生前的致病因素

出生前的致病因素大致分为遗传因素和先天获得性异常。遗传因素包括染色体异常和基因突变引起的先天性代谢异常，比如21-三体综合征、天使综合征、脆性X综合征、苯丙酮尿症等。先天获得性异常包括胎儿期感染（病毒、细菌、螺旋体、寄生虫等）、药物（孕妇使用某些作用于中枢神经系统、内分泌代谢系统的药物）、有害化学物质（比如铅、汞等）、放射线、电磁波及孕妇疾病、吸烟、酗酒等。

出生时的致病因素

出生时的致病因素主要包括出生时因早产、低体重、新生儿窒息、产伤等原因影响大脑的发育。早产是会影响智力的，在临床中有7%～8%的早产儿智力低于正常足月儿；出生时体重低于2500克的婴儿，可能会因为吸收的氧气和各种身体必需的物质不足而引起智力低下；如果孩子在出生的时候有重度的窒息史，或者是在母亲的体内有明显的缺氧史，也会影响大脑发育。巨大儿、难产、子宫收缩乏力、产钳助产等造成的产伤若较为严重，也有可能影响孩子的大脑发育。

出生后的致病因素

婴儿出生后，如患脑炎等神经系统疾病、高烧、抽搐、全身麻醉、脑外伤、铅中毒、严重营养不良等，都可能导致智力发育障碍。也有研究发现，社会以及家庭心理因素也会影响智力发展，比如早期社会隔绝、人为情感剥夺、缺乏母爱、孤儿无人照料、严重精神疾病患者的子女、文化闭塞、不适当的教导方式等均可能影响智力水平，导致精神发育迟滞。

三、教师辅导站

中重度精神发育迟滞的学生通常是在特殊学校接受教育的。随着融合教育的推进，越来越多精神发育迟滞学生进入普通学校进行随班就读。那么针对伴有轻度精神发育迟滞的小明，教师可以做些什么呢？

学校内营造融合环境

教师要意识到他的“与众不同”，不带偏见地接纳。在班级内创设融合性的物理环境和人文氛围，给小明提供一个热心可靠的“一帮一”结对同桌或同伴，引导同学们接纳小明的“不同”，鼓励同学们能够尊重、宽容、接纳并提供真诚帮助。

集体教学时个别化设计

学科教师在对小明的能力水平、兴趣特点多元化评估的基础上个别化设计教学内容、策略等。降低教学目标与要求，精简教学内容；借助多媒体，化抽象为具体，或者增加计算器、图片等教学辅助；提供适合其能力水平的“定制作业”，让他能够完成自己能力范围内的作业，体验成功，增强自尊、自信。

资源教室内个别化教育

很多学校建设了资源教室，设置了专、兼职资源教师为随班就读学生提供学习支持。资源教师要明确小明的个体发展目标，制订适宜其发展的个别化教育计划，注重生活适应能力的培养，提高学习趣味性，增加学习成功可能性。

活动中增强社交技能

让小明在融合伙伴的帮助下和伙伴们一起参加活动，创设机会引导其参与到与普通同学的正常社会交往中去，学习基本的沟通交往技巧，提高自信心，增强身心愉悦感，为他今后更好地融入社会、适应社会打下坚实的基础。

家校合作中促进教育合力

教师可以与小明家长沟通交流，了解小明的在家表现，反馈他在校的点滴进步，帮助家长正视小明的问题和缺陷，提供一些适宜的家庭教育方法，帮助其家长重树信心，与家庭携手共同促进小明的成长。

情绪行为问题严重时建议就医

若小明出现较为严重的情绪、行为问题，影响了自己及他人的正常生活、学习和人际交往，教师可以建议其家长陪同去相关专业医院就诊，接受精神科医生的诊断和治疗。

随班就读生是一个特别的群体，教师应秉承“因材施教”的理念，找到他的“最近发展区”，让他们学到一定的文化知识和基本技能，提高社会适应能力，为今后能真正自立、平等地参与社会生活、更好地融入社会做好准备。

（上海市莘光学校　国家二级心理咨询师　姚璐璐）

“双减”落地，教师如何帮助学生积极调适？

“双减”政策落地，利用“延迟放学”，学校安排了艺体活动和自主完成作业的时间。小A发现作业少了，在学校基本可以完成，留给个人的时间多了。小A感到学习压力减轻了，不用加班加点，也不用忙着上补习班，但不知为什么，总感觉有些担心。老师发现了小A忧心忡忡的样子，便询问小A最近的情况。小A问老师：“同学们还补课吗？如果不补课，会不会被别的同学赶超？我只学这些足够了吗？周末学科培训班全减掉了，只要学艺术、多锻炼，是挺开心的，但是我还是要加考试，我还是很担心。”

“双减”政策出台之后，大部分学生们参加学校的“延迟服务”，在校完成一部分作业，或是进行集体活动，看起来学生们有了更多活力和生机，但学生们惴惴不安的心情似乎并未减少。作为老师，可以做些什么来帮助学生们积极调适、缓解担忧呢？

一、了解概念

为持续规范校外培训，有效减轻义务教育阶段学生过重作业负担和校外培训负担（以下简称“双减”），中共中央办公厅、国务院办公厅印发了《关于进一步减轻义务教育阶段学生作业负担和校外培训负担的意见》，结合之前教育部出台的政策，明确中小学生建议的睡眠时间、体育活动时间……这些细致的规定最终目的是保护孩子身心健康发展，回归学习的本质，提供孩子适宜、适度的学习机会。

“双减”给了学生自主选择、自主安排的机会，“双减”过后，一部分学生庆幸自己拥有更多的自由时间，也有一部分学生因为不适应环境改变而迷茫。这份迷茫中包含着长久以来形成的学业“惯性”，以往学生疲于奔命，将“完成学习任务”视为“学习”本身，每天完成校内外的学习任务已然尽力，当外部给出的学业要求有所放宽，自由安排的时间空间增大，个人的成长目标回归个体自身时，部分学生适应“被安排”到“自主安排”的变化尚需时日。

二、探索原因

学生的自我认识尚处于发展阶段

青少年在成长过程中，自我意识逐步发展，不仅开始对自己进行合理、客观、正确、理性的评价，建立稳定的自信心，即“知己”。而同时青少年也要正确“知彼”，即对客观世界，也就是对学习、生活、社会等对象的正确认识，以一种合理、辩证的观念和态度看待周边世界。客观环境的变化、政策变动造成生活惯常发生改变，容易冲击青少年对原有生活的可控感，打破其原有生活平衡；迫使学生迈出舒适圈容易造成学生茫然无措、迟迟无法进入角色的情况。

外部推力改变放大了内驱力不足的问题

个人的需求是人前进的动力。内驱力就是指自发、主动去思考或行动的内在动力。学习内驱力对于学生学习的积极性以及如何正确看待学习和竞争的关系起着重要作用。而当前不少学生被考试、成绩、排位驱赶着学习，竞争比学习知识本身消耗了更多心理资源，使得学生对课程知识的兴趣下降、自身学习动力不足，加之长期处于“两耳不闻窗外事”的状态中，缺乏独立思考、自主决定、自我负责的意识。一方面，在学习过程中“唯分数论”“唯奖赏论”，学习靠外部因素驱动，当外部因素发生变化时，学生自然感到茫然无措；另一方面，如果学习资源减少，学生担忧无法取得好成绩，而会感到困难、厌倦、无能为力。

三、教师辅导站

回归学习本质，让教育返璞归真

学校是学生的主战场，课堂是学习的主阵地。面对学生对知识内容、对考试的不安，教师能做的是给予一针“强心剂”。“双减”过后，学生们的主战场回归学校，因材施教、“减负提质”，保证学生“吃得饱”，对于要求“吃得好”的学生，教师给予选择性作业，并对实施情况进行监控。在学校层面上，可以设置跨学科学习项目，综合各科所学进行实践应用；在班级层面上，采用小组学习等方式进行相互协作，充分发挥“兵教兵”的同伴互助模式，调动学生学习的主动性和积极性。

接纳和安抚不安情绪

人们在面对变化时，总会不可避免地出现焦虑或担忧情绪。作为教师，首先应充分理解和领会政策精神，调整自身的状态，积极赋能。在此基础上，教师应贴近学生，接纳和允许各种感受和想法的存在，如果教师自身也有这样的体验，可真实地回应“老师也有一些担心”，来带动学生的情感流露，起到情感支持的作用，引导学生思考变化的意义，从不同角度来理解政策。

提供信息，鼓励同伴相互提供支持

“双减”政策面向义务教育阶段的所有学生推行，因而大多数学生处于类似的情境之中。教师可以召开主题班会，探讨“双减过后，我的一天”，让学生们从过去、现在、未来的角度畅想，对学生们提出的共性问题给予针对性的解答与帮助，以弥补学生们在应对变化方面可能存在的技能缺失与经验不足。

采取行动，协助学生建立新的学习秩序

未知事物对于青少年学生来说是一把“双刃剑”，会因为原有学习秩序被打

破而感到混乱，同时也创造了改变的可能性。任何人都希望在新环境、新条件下重塑自己的形象，让自己变得更好。在政策背景下，通过课后活动、体育锻炼等增加的时间，释放学生的好奇心和上进心，重新定位自己的学习和生活，对未来的学习生活提出要求与希望。比如，设置“行动的巨人”展板，鼓励学生们记录自身生活的积极变化以及是如何做到的，鼓励同学们积极点赞支持，相互借鉴和学习，引导学生专注投入当下正在做的事，关注自己能做什么，减少纷繁复杂的想法带给自己的焦虑。

“双减”政策触发各个层面上的很多思考——我们的教育生态是怎样的，最终走向哪里？这对家长、教师、社会都是一次智慧的考验。“双减”政策的内在核心是“评价体系的转变”，作为教师，需要了解和认同政策导向，以促进学生多元发展为目标，从学生的品德发展、学业发展、身心发展、审美素养、劳动与社会实践维度培养“全人发展”视角。“双减”是一项系统工程，需要多方施力、多元施策，深化完善评价制度的改革，才能真正让“双减”工作落地生根。

（华东师范大学第二附属中学普陀校区　学校中级心理咨询师　陈秋妍）

为什么学生网络作业越来越多？

同学小B每天都有一些作业需要线上完成，做好之后再线上提交给任课老师审阅。但是班主任老师却有些担忧，担心班级的同学因此沉溺网络，在提交作业后会做别的事。确实，小B同学每次提交作业后，都会觉得要趁机休息下，玩玩游戏也未尝不可。班级里像小B一样的同学也有不少。这让班主任老师很困惑，这种教学方式到底好不好呢，网上写作业、提交作业是不是“洪水猛兽”呢？

一、了解概念

网络作业是指需要通过互联网才能完成的作业。这种作业因为有第三方信息的介入，所以要求学生有一定的收集、选择和加工信息的能力；同时，互联网所提供的海量信息也为学生完成个性化、独创性的作业创造了条件。网络作业可以分为两种，第一种是直接从网络上获取、完成、提交和评价的作业，即通常所说的“电子作业”或“无纸化作业”。相较于传统的纸质作业，这种作业对学生电脑操作技能及教师网络办公设备都有相应要求，学龄低的孩子可能会很难达到这种要求。第二种是教师或作业题目只是明确要求学生利用互联网信息来完成的作业，至于作业提交、评价与保存，并无特殊要求。

二、探索原因

近些年，网络作业有逐渐增多的趋势。网络作业增多的原因是什么呢？可以分为以下两个方面。

信息技术的高速发展为网络作业的布置提供了前提条件。电子信息技术和互联网的发展，为中小学教育提供了一个崭新的、广阔的学习空间。随着教学中信息技术的使用，电脑、网络技术成为学生学习的手段之一，通过网络授课、提交作业、考试成为了稀松平常的事情。可见，信息技术的高速发展为网络作业的布置提供了前提条件。

网络作业为教师的便捷管理提供保障，提高教师的工作效率。多种多样的教学平台提供了巨量的存储空间，以及便捷的交互功能。而这些优势相比传统的教育教学，会让教师的工作效率有很大的提升。在体验过网络教学平台的便捷之后，教师将计算机网络信息技术应用得更加广泛，不仅作为教师教学的工具，还成为了学生学习、认知的工具，以及成为了师生互动的工具。网络、信息平台成为了一种广泛使用的教育教学工具。

网络作业逐渐增多，针对网络作业的利弊也有一定的讨论。早在2012年，中国教育科学研究院做了关于中小学作业电子化的调查研究，研究发现以网络作业为主要表现形式的电子化是发展趋势，并得到大多数校长、教师、家长和学生的认同。在分析作业电子化利弊时，文中认为一方面，作业电子化有利于促进学生学习方式的转变，有利于减轻中小学生的学习负担，提高学习效率，有利于减轻教师的工作负担，提高工作效率，同时也为因材施教提供了有利条件。另一方面，作业电子化也有一些弊端，如便于学生应付教师，抄袭作业；对电子信息软硬件条件较差的学生来说，会有一种被孤立感；同时，会让学生的常规能力有所削弱，如提笔忘字、书写能力下降等。

在学生的认知和心理健康方面，学生网络作业增多，在积极意义上能提升学生对计算机、网络信息资源的主动获取意识和能力，也会锻炼学生获取、鉴别、加工和利用信息的能力。从消极意义上来说，网络作业的增多会增加学生网络成瘾的风险。学生的自我掌控能力和自我控制能力较成年人弱，在完成网络作业的同时难免会被网络纷杂的、充满诱惑力的信息吸引，如果家长和学校对学生的行为缺乏监督和管理，部分学生难免会对网络有一定成瘾性，进而影响正常的学习生活。

由此看来，虽然网络作业很难完全取代传统作业，但网络作业的增多是大势所趋，也是未来教育发展的方向之一。在看待网络作业时，教师要全面看到网络作业的利弊，综合做出权衡。

三、教师辅导站

在布置网络作业时，为了避免网络作业对学生的负面影响，教师应当在以下三个方面进行权衡。

明确每次网络作业的具体目的，并做好必要的准备

教师每一次布置网络作业，首先应清楚“我这次作业的具体目的是什么”“我所布置的作业将以什么途径或方式来实现这一目的”。学生作业完成后，教师还要及时检查、评价作业的完成情况，思考自己当初布置作业的目的是否达到，还存在哪些问题，以此作为下一次网络作业的参考和借鉴。教师在布置作业时要明确学习目标，让学生知道每一次的作业需要完成哪些内容的学习，并启发学生的自我导向学习，加强学生的学习交互反馈。

教师可以更明确地提出作业的完成规则及要求。教师可以规定，如果仅仅是复制网络上的资料，则必须注明资料的出处和来源；要求学生联系实际加入自己创造的成分，学生没有达到，则评分等级将会受到影响。这将避免学生因为网络的便捷而抄袭。

布置网络作业要有边界，线上线下相结合

教师布置作业，最好能从学生的生活实际出发，编制一个学生感兴趣、通过适当努力又能完成的题目。当然，网络作业虽然离不开网络，但并不局限于网

络，教师设计的作业可以将网络工具与其他活动巧妙地结合起来。

同时，教师不能把所有的作业都转化为网络作业，应当将网络作业与传统作业相结合，丰富学生的作业形式，避免学生因过度使用网络而提笔忘字。

做好网络作业监督管理和家庭教育指导工作

教师和家长需要给学生一些管理和约束。网络学习对学生学习自主性的依赖性非常大，但是部分学生并没有养成良好的自主学习习惯，对于自己的时间缺乏规划的能力，这严重影响了学生的学习效果，甚至会造成学生网络成瘾。面对这种情况，教师可以教会家长给学生鼓励与支持的方式方法。家庭是孩子的第一所学校，而家长是孩子最好的老师。因此，家庭教育是学校教育有效的补充。教师要引导家长学会正确管理电子产品的方式，避免家长因为网络的问题和学生发生剧烈冲突，造成亲子关系的恶化。

教师可以教给家长以下的办法来进行作业监督。

制定规则。家长和孩子一起制定使用电子产品写作业的规则。适当的督促和引导是必不可少的，但也不应过分“监控”，让孩子产生反感，应与孩子协商，得到理解和支持。家长要和孩子制定好规则，并充分相信孩子；在孩子违反规则的时候，家长要进行必要的提醒和约束。

充分沟通。让家长充分尊重孩子、相信孩了。在沟通时，请家长主动敞开心扉，加强亲子沟通，关心和了解孩子的生活、心理和学习情况。学校要搭建家校合作平台，加强和家长的沟通，及时反馈孩子的生活、心理和学习情况，及时告知家长孩子的表现和对孩子的建议。

网络绝对不是洪水猛兽，网络作业有极大的便利性，可以让我们的学习工作变得更便捷。在使用网络布置作业，让学生通过网络完成作业的时候，教师要做好充分的准备和沟通，才会让网络作业发挥应有的积极效果。

（上海市浦东教育发展研究院　心理教研员　程永琛）

初中阶段

行为篇

学生多次到超市偷东西，是怎么回事？

如何处理学生的攻击性行为？

如何处理学生的自伤行为？

生活篇

学生沉迷“饭圈文化”、无节制追星，是什么问题？

学生扬言要离家出走，到底是怎么了？

关系篇

学生一心读书，对其他事情漠不关心，是什么问题？

学生为何总是在其他同学面前吹嘘自己的能力？

中学生感觉同学思想幼稚，和他们无话可谈，怎么办？

课间害怕和他人讲话，总是躲在厕所，她怎么了？

寝室关系矛盾是什么问题？

为什么班级出现拉帮结派的现象？

学生遭遇校园霸凌，教师该如何应对？

为什么青春期中学生失恋这么痛？

情绪篇

学生抱怨学习没意思、生活空虚无聊，是什么问题？

学生产生沮丧情绪，如何恰当处理？

学习篇

为什么学生考试前，学习不在状态？

学生为何接受不了自己的考试成绩？

学生因考试焦虑而逃避，这是怎么了？

为什么学生不肯上学？

为什么学生会沉迷于网络游戏？

学生多次到超市偷东西，是怎么回事？

周三下午，其他同学都在上体育课，小雨以身体不适为由，向老师请假回教室休息，可是她没有直接回到教室，而去了学校的小超市，她随意地在超市里走走看看，似乎在选择商品，眼神却不断观察周围的情况，趁人不注意时，她将一盒巧克力塞进了衣服口袋里，然后若无其事地往外走。可是，她的举动还是被超市营业员发现了，面对营业员的询问，小雨辩解说是“忘记付钱了”。营业员联系了学校保卫科，并把小雨送到了保卫科。

很快，小雨的班主任林老师接到学校保卫科的电话，告诉他小雨在学校小超市偷了一包巧克力，等他过去保卫科处理一下这件事情。这个学期林老师刚刚成为小雨的班主任，和前任班主任交接工作的时候就听说小雨是一个十分捣蛋难管的学生，常迟到，爱说谎，还欺负其他同学，这已经是林老师这学期第三次到保卫科去接小雨了。小雨辩解称自己只是“拿了东西忘记付钱了”，经过批评教育后，小雨支付了货品的钱款，表现出无所谓的态度。林老师不明白，小雨家的经济条件不错，小雨明明有能力购买这些商品的，为什么接二连三地去偷东西？

一、了解概念

擅自取走他人财产的行为，是违反社会道德规范的不良行为；法律上，偷窃属于违法行为。就未成年人涉嫌盗窃犯罪而言，年满十六周岁如果偷窃的数额达到刑事立案的标准就应当负刑事责任，就是属于犯罪行为。

小雨的偷窃行为屡教不改，也可能与童年和少年期品行障碍这一心理疾病有关，就是指18岁以下儿童青少年期出现的反复且持久性反社会行为、攻击性行为和对立违抗行为，这些异常行为严重违反了相应年龄的社会规范，与正常儿童的调皮和青少年的逆反行为相比更为严重。患有童年和少年期品行障碍的人常会做出些不符合道德规范及社会准则的行为，会经常说谎、发脾气、故意招人注意、常拒绝或不理睬成人的要求或规定、长期严重的不服从、常与父母或教师对抗和争吵、常因自己的过失或不当行为而责怪他人，还会常常逃学、离家出走、反复欺负他人、故意损坏他人财产或公共财物、参与打架斗殴等。随着年龄增长，部分患者的症状逐渐缓解或消失，但若治疗和干预不及时或治疗效果欠佳，症状可能持续到成人。

二、探索原因

家庭因素

不良的家庭因素是品行障碍的重要病因，比如父母与子女之间缺乏亲密的感情联系，对待孩子冷漠或忽视、挑剔、粗暴，或者对孩子过分放纵，不予管教；父母之间不和睦，经常吵架或打斗，分居或离异等。

其实，孩子偷东西是透露出“缺乏”的信号，核心是“需要”：一是金钱物质方面的缺乏——“需要”占有一定的物质；二是心理精神层面“缺乏”爱与关注——“需要”被爱、被关注。有时孩子偷东西是源于以上两者的共同缺乏。

社会环境因素

青春期的学生会尝试不同的行为方式探索自我，甚至做出一些出格的事情，而不知道这件事情的严重性，他们只是通过一些言行在探索自己，了解这个世界。同时，青春期学生的价值观体系还未完善，缺乏判断能力，好奇心重，模仿能力极强，容易受到不良环境的影响，比如见过网络或者影视作品中的“社会学习”，就想要亲身体会。

经常接触含有暴力或违法的媒体信息，接受周围人不正确的道德观和价值观的影响，结交有抽烟酗酒、打架斗殴、欺骗偷窃等行为的同伴等都与品行障碍的发生有关。

经济因素

家庭经济条件比较差，或者父母平时很少给孩子零花钱，导致孩子的物质需求得不到满足，于是孩子便会产生偷窃行为。研究发现，经济的快速发展使得一部分青少年过度关注物质财富的重要性，加剧了与传统规范、伦理的矛盾冲突，从而提高他们的消极情绪体验，降低他们的幸福感和生活满意度。随着人们生活水平的提高，一些学生仅仅用物质财富衡量自己的价值和成功，导致他们一味地追求物质和金钱，一旦无法用正常的手段得到物质和金钱，就会萌生出偷窃的想法。

三、教师辅导站

保护孩子的自尊心

遇到这样的状况，班主任可以主动找学生了解情况，与学生沟通时注意场合，最好与学生一对一沟通，在一个安全安静的空间交流这件事情，避免有其他人在场；教师的谈话态度要开放和宽容，应心平气和地了解事情来龙去脉，用开放式问题引导学生，比如“发生了什么事情”“遇到了什么困难”，而不是“你偷了什么东西”，千万不要轻易地给孩子扣上“小偷”的帽子，和学生谈话是为了了解情况、正确引导，不让孩子误入歧途。

谈话时要注意避免青少年学生因经济困难产生不良心理后果，引导他们正确认识家庭经济困难和社会经济收入差距增大的现象，应将自身经济条件的劣势转化为奋斗的动力，引导他们树立正确的奋斗目标。

分类教育

学生出现偷窃行为的原因有很多，教师应通过耐心聆听，找到原因，针对不同的情况分类处理。比如：针对法律意识淡薄的学生，可以加强青少年法制教育，开展普法教育；对于受到不良网络信息影响的学生，可以给学生播放历年国家网络安全宣传周的公益宣传视频，帮助学生提高甄别不良网络信息的能力；针对反复和持续地盗窃而且屡教不改的，应及时联系监护人，如实全面告知情况，提醒监护人送该生到正规医院就诊，科学诊断，积极治疗。

和家长沟通

班主任老师与学生谈话后，要及时和家长联系，可以使用“三明治”沟通法，简单来说就是先褒奖，然后说实情，再说一个好处。教师先从家庭经济情况、家庭近期有无重大变故等方面入手，充分了解学生近期家庭状况，然后交流学生在校的各方面表现，适当地给予肯定和表扬，再提出学生在小超市“拿了东西没有付钱”这件事，注意不要给学生扣上“偷东西”的帽子，最后再强调学生平时的良好表现，表达希望和家长一起把孩子教育好的愿望。

为了指导家长做好家庭教育，助力学生的健康成长，班主任可以在家长会普及家庭教育的理念和方法，帮助家长努力营造和谐的家庭氛围，提升亲子关系质量。

（上海农林职业技术学院　国家二级心理咨询师　王放）

如何处理学生的攻击性行为？

小周是一名初二的学生，平时不善和同学交往，经常独来独往。遇到不顺心的事，就容易脾气暴躁、冲动。有时候，他会很突然地抢夺别人放在桌上或地上的物品，甚至会莫名其妙与同学发生争吵和冲突。

一天中午，小周在食堂排队时，觉得前面的学生“拖拖拉拉”太慢了，他便突然冲上去，推了对方一下，还恶狠狠地说：“能不能快点啊！”对方并没有接受这种行为，于是又狠狠地推了回来。小周变本加厉，用极其生硬的口气威胁了这个学生，并扬言要“收拾”他，两个人开始相互推搡，其他同学立马劝架，把两个人分开，这场暴力冲突才得以停止。

这场冲突事件很快传开了，他的同学们开始避开他。班级里的同学也把这件事告诉了老师，老师找到了小周，说他没有控制好自己的情绪和行为，严厉批评了他，小周却一副无所谓的样子，老师也拿他没办法。

一、了解概念

小周的行为就是攻击性行为，是指在情绪或生理上感到不适或压力时，出现具有破坏性的行为表现，包括言语和身体上的暴力行为。攻击性行为按照不同的特征和表现，主要有以下几类。

表现性攻击

表现性攻击没有愤怒、沮丧或者敌意的情绪标记。它只是一种无心的、玩笑的或探索性的行为，却导致了其他人不开心，受到伤害。例如，有些孩子特别爱开玩笑，冷嘲热讽，捉弄同学，等等。

无意性攻击

无意性攻击是指通过行为或言语，无意识地伤害了他人，而并非出于情绪的刺激或特别的企图。比如运动攀爬的时候踩到别人的手指，跑的时候没注意不小心撞到同学，等等。

工具性攻击

工具性攻击是为了想得到的东西而发生攻击性行为，如为了争夺物体而发生的身体上的冲突且使他人在此过程中受伤的行为。这类孩子好胜心强，容易与人争执，见不得别人比自己强。

敌意性攻击

敌意性攻击往往是有目的性的攻击，比如之前有同学欺负他，他报复先前的伤害等，这样的攻击行为往往是孩子经过一番深思熟虑的，特别是在他们丢面子、没有安全感的情况下，会通过敌意性攻击来凸显他们的强大。

自伤性攻击

自伤性攻击往往不会攻击、伤害他人，而是会攻击、伤害自己。越是追求完美的孩子，可能越会产生自伤性攻击。

二、探索原因

那么，究竟是什么原因，导致孩子产生攻击性行为呢？

家庭因素

在家庭中，孩子的教育主要来自父母，不良的家庭教育方式与孩子的攻击性行为是密切相关的。

专制型教育：这是一种限制性非常强的教育方式。通常家长会强加很多规则，希望孩子能够严格遵守。他们很少向孩子解释遵守这些规则的必要性，而是经常依靠惩罚和强制型策略迫使儿童遵从，这样会导致儿童在遇到不能解决的问题时，采用攻击性行为来对付，比如工具性攻击行为、敌意性攻击行为。

冷漠型教育：有些家长由于工作忙碌，总是忽视、漠视孩子，与孩子之间的沟通联系甚少，孩子感受不到家庭的关爱和温暖。这样的孩子容易以其他方式满足自己对父母关爱的需求，甚至有的孩子为了博取家长的注意，会出现表现性攻击行为、自伤性攻击行为。

溺爱型教育：溺爱型教育的家庭中，当孩子有不恰当的行为或者做错事的时候，家长往往会包庇、推卸责任，等等，导致孩子越发横行霸道，甚至会有欺负弱小的攻击性行为，来表现自己的权威。

心理因素

情绪、行为出问题：一般来说，有情绪问题的学生易产生攻击性行为。如患有多动症的学生因冲动、自控能力差，当情绪稍微激动，就头脑发热，与人发生争吵或动手打人。

心理发育不成熟：孩子的攻击性行为与其自我控制水平、道德发展水平有关，个人的道德水平越低，就越倾向于忽视他人的痛苦、利益和幸福。这类孩子判断分析能力差，也容易被人挑唆怂恿，对他人和社会表现出敌意性攻击行为。

自卑心理：每个人都可因自己身体状况、家庭出身、生活条件、工作性质等产生自卑心理，有自卑心理的人常寻求自卑的补偿方式。一旦产生自卑感，他们就会将与人争斗来作为补偿。

社会因素

中学生模仿性强，是非辨别能力差，常会受社会上的暴力影片、暴力电玩游戏等负面信息的影响，如果没有人及时正确地引导这些孩子，他们就易产生攻击性行为。

三、教师辅导站

中学生的攻击性行为不仅影响了他人，而且还会影响自身的成长和发展。因此，教师需要帮助学生矫治攻击性行为。

缓解情绪

在孩子发生较强情绪波动和攻击性行为时，教师一定要第一时间在场，在确保环境安全的情况下，作出冷处理，比如，可以帮他找一个相对安全的环境，让他缓解情绪。当他情绪缓和后，让他坐下来冷静、反省。

发泄情绪

当孩子情绪强烈或怒气冲冲，一时无法平复的时候，可以给孩子发泄情绪的时间。情绪的宣泄方式有很多种，而可取的方式是在不伤人、不伤己的情况下，能够帮助他排解情绪的方式。因此，教师需要引导孩子用正确的方式发泄情绪，以下有一些小方法。

大声宣泄法：当孩子有攻击性行为、情绪激动的时候，建议孩子适当地大声呼喊，可以去学校心理咨询室的宣泄室，将自己的心里所有的不愉快和所有的压力都随着自己的呐喊声都宣泄出来，让自己的情绪得到释放。

运动缓解法：在孩子情绪激动产生攻击性行为时，教师可以引导孩子到操场上，跑跑步、打打球等，通过运动使生理恢复原状。生理得到恢复，情绪自然也就恢复自然了。

音乐缓解法：音乐具有强烈的情绪感染力，因此听音乐也是缓解情绪的有效方法之一。对于孩子而言，当心情不佳时，教师可以给孩子播放一些他喜欢听的音乐，当孩子听上一曲自己最喜欢的音乐，沮丧的情绪就会烟消云散，激动的情绪也能慢慢缓和下来。

控制情绪

等孩子的情绪逐渐平复后，帮助他回顾和分析之前他的强烈情绪和攻击性行为所造成的后果和影响，这也是为了帮助他认识自己的行为问题。以下有一些小方法。

数颜色法：当孩子感到怒不可遏时，建议孩子环顾四周的景物，然后在心中默念：这个杯子是蓝色的，衬衣是白色的，裙子是红色的……通过数颜色法，可以恢复灵敏的视觉功能，使大脑回归理性思考。

社交排遣法：当孩子产生不良情绪时，可以建议孩子多与性格开朗的人交往，多让自己置身于人群之中，自然会使自己的情绪得到改变。

（上海市浦东新区金囡幼儿园　心理兼职教研员　何文婕）

如何处理学生的自伤行为?

小路是个性格内向的学生，在老师们看来，她是一个很乖、很听话的孩子。但班主任老师观察到无论多热的天气，她都会穿着长袖。有一次，她无意间发现小路的手背和胳膊上有或深或浅的伤疤。于是，班主任和她私下谈心后，了解到小路在觉得自己心情很糟糕的时候，就会用刀片在自己胳膊上轻轻划一刀，留下一道浅浅的痕迹，但是随着时间的推移，她发现自己的疼痛感降低了，要划出血才能感觉好一点。

班主任老师及时和家长沟通了小路的情况，并且希望家长能够多关心一下孩子，家长表示他们其实知道孩子的状况，现在也已经没有给孩子什么压力了，看到孩子这样的自伤行为他们也非常地着急和无奈。

作为教师，如果发现小路这样的行为，通常都会感到十分担心。那到底应该如何帮助她呢?

一、了解概念

像小路的这种情况属于非自杀性自伤行为，简称“自伤”，是指个体在无自杀意念的情况下采取一系列反复、故意、直接伤害自己身体等不被社会所认同的自我破坏性行为。

自伤一般满足以下这些条件：

1. 直接伤害身体。

2. 行为不被他人认可。

3. 产生自伤行为是有意识的。

4. 没有明确的自杀意图。

5. 对身体的损害程度为轻度或中度。

国外有研究显示，青少年自伤行为随着年龄的增长，女性检出率要略高于男性，女性倾向采用割和刮的方式，男性则更多采用烫烧的方式，而且青少年很少只使用一种自伤行为。自伤行为常见于情绪障碍患者，部分有焦虑障碍、心境障碍的青少年都会产生一定程度的自伤行为。

曾经有过自伤行为的学生，也会产生自杀意念，且更可能实施。自伤行为也会影响青少年的社会功能。因此教师对于自伤行为是需要密切关注的，以防学生出现进一步的发展。

二、探索原因

除了了解到自伤行为与情绪方面的原因有关外，教师还需要了解到导致青少年出现自伤行为的原因是多元的，可以从以下几个方面来探讨。

个体自身因素

目前的很多研究显示，具有自伤行为的青少年在冲动控制、情绪管理调节方面的能力都较弱。研究发现青少年自伤行为的动机主要有三种：其一是管理和调节情绪，即通过这种方式宣泄负性情绪；其二是抵抗解离状态，即寻求真实自我的感觉，青少年在压抑自己的痛苦时，也会缺失快乐，在这种情况下攻击会朝向自己；其三是为了对抗自杀冲动及寻求刺激，即青少年没有明确的自杀意图，但通过自伤的方式感受生理上的疼痛。其中管理、调节负性情绪最为常见。

青少年对自身形体的消极态度也会影响个体实施自伤行为。虽然低自尊不会引起自伤，但是会导致自信心不足，容易自责或低自尊的青少年更容易把自伤作为自我惩罚和自我损毁的一种方式。

早期经历

个人在童年时期所遭受到的躯体和情感上的虐待和忽视也可能会引起自伤行为。童年早期的创伤对儿童的感知系统有着深远的冲击和影响，个体的安全感可能会遭到与这些可怕事件相联系的感觉冲击的破坏。研究发现，早年创伤经历和自伤行为有着高相关，低自尊、精神病理性特征、对自身形体的消极评价等可能在其中起到了中介作用，然而早期创伤经历会影响自伤实施和发生频率。

环境因素

家庭矛盾、不良的同伴关系也是产生自伤行为的危险因素。其中，无效的家庭环境，即父母对儿童个人体验的表达做出不恰当或极端的反应。比如，当孩子在向家长表达伤心难过的情绪时，家长一味地淡化孩子的情绪，告诉孩子“没事儿，这只是小事，自己调节一下”，或者用忽视或冷漠的方式对待孩子时，它会对儿童自我、情绪能力的发展有破坏作用。也就是说，无效家庭环境会增加个体出现自伤行为的风险。

对于青少年而言，同伴关系是个体社会心理发展的核心因素，不受同伴欢迎或被同伴拒绝、欺骗都容易导致青少年产生抑郁、低自尊等心理问题，而自伤行为具有同伴效应，甚至还可能产生模仿行为。因此对于有自伤行为的青少年，也可能会出现“同病相怜”的情况，进而增加自伤风险。

此外，现在有的青少年甚至会通过网络表达的方式展示自己的自伤行为，其中有些是想通过这种方式寻求帮助；有的自伤行为也可能是属于追求刺激感；有的也可能会想通过自伤行为去控制他人或者某种情境。

三、教师辅导站

对于学生出现自伤行为的情况，作为教师可以如何帮助他呢？

及时关注学生的情绪状态

教师是接触青少年最频繁的群体之一，当有些青少年的家庭支持功能较为薄弱时，教师可以增强学生在学校的支持功能。

在学校生活中，教师可以通过学生的行为表现，来关注到他们的情绪状态，如以下几个方面：学生直接表露自己痛苦、抑郁、无望或无价值感；易激惹，脾气暴躁，过分依赖他人或某物；持续不断悲伤或焦虑，常常哭泣，睡眠不良，食欲减退，有胸闷头疼等生理症状；注意力不集中，成绩下降，经常迟到或缺勤；独来独往，人际交往明显减少；行为紊乱或古怪；流露出活着没意思的念头；等等。

当学生出现这些情绪时，教师可以多和学生沟通交流，关注他们的情绪变化，了解学生对不同事件的体验与认知，了解学生有没有过往自伤的经历。鼓励学生多参与学校活动，适当转移学生注意力，增强学生的自信心，引导学生发现自己的兴趣与长处，鼓励学生融入集体，对这类学生多一些关爱。

给予无条件积极关注

所谓“无条件积极关注”是一种态度和立场。无论说什么，做什么，都站在观察者立场上加以接受，给予尊重。

青春期的孩子渴望被爱和被尊重，他们会通过他人眼光来判断自己的行为以及价值观，关注自己的想法。“自伤”往往是学生表现出来希望被关怀的信号。一些有“自伤”行为的学生在教师关注到自己的伤口时愿意袒露原因，这说明他信任教师，愿意进行沟通，教师可以通过沟通了解孩子的想法，让学生感受到无条件的温暖和接纳，感受到自己是一个有价值的人。对于不愿意教师关注到“自伤”行为的学生，教师可以通过平时的关注，让学生了解到对其一直的关爱、激励和接纳，在这种情况下，学生会潜移默化地受到影响。

为学生构建支持网络

处于青春期的学生，他们的情绪有隐蔽性，在教师面前不外显时，教师可以通过其他学生来了解班级学生的状况，现在很多学生会通过网络将自己的情绪表达出来，班主任也可以在班里设立心理委员，由班级一些热情、积极、同理心较强的学生担任，及时关注到班级学生的情绪状态，在基于助人保密伦理的基础上，及时告知班主任及学校心理教师。

虽然大多数教师能够在学校事务的处理中及时发现学生的心理困扰或问题，但是对于学生的心理问题，教师也需要在教育指导的过程中认识自己能力的相对局限性。就有些超出能力范围的心理问题而言，如果教师发现学生长期闷闷不乐，不愿意表达，上课注意力难以集中等情况，或者在和学生沟通后，发现学生的情绪困扰十分严重时，应及时转介给学校心理教师，或建议家长转介到相关合适的心理咨询或治疗机构，这样会对学生有更有效的帮助。在为学生保密的前提下，和其他任课教师进行恰当的沟通，一起重视和关注学生的心理状态。

在校期间，尽量不要让相关学生独处，保证始终有人陪伴，远离刺激源或将其转移到安全的地方。及时上报学校心理危机干预领导小组，一般学校心理危机干预领导小组的组长由校长担任，主要工作由德育领导主持，还可告知年级组长、学校心理教师等进行工作协调，由学校形成一支团队共同关注学生的心理危机，保留相关信息，为学生做好档案记录，主动协助处理。

当然，教师也要对家长进行适当的家庭教育，建议家长改变对孩子的教育方式。除了需要建议家长带学生到相关专业机构或医院就诊外，还可以请家长告知医生或专业人员的建议，医教家三方面共同配合，给学生提供一个良好的成长环境。学生的成长离不开家庭和学校的共同关注，当各方面环境凝成一股合力，用科学的方法帮助孩子缓解苦恼时，孩子的心灵之花也会开得更加绚丽。

（上海市宝山中学　国家二级心理咨询师　李文君）

学生沉迷“饭圈文化”、无节制追星，是什么问题？

小王是某初中学校学生，最近迷上了偶像明星李某，投入了大量的时间、精力、金钱。她加入了李某的“粉丝团”，一起讨论偶像的喜好和行程，为偶像网上“打榜”，不眠不休地去微博超话、相关网站论坛完成签到、投票等任务，还曾买了十几个小号一起刷票。她还经常购买李某代言的商品，虽然家境一般，但在得知偶像代言了一款饮料后，还是假借买学习用品和书籍的名义向父母要钱，买了10箱饮料。为了维护偶像形象，原本乖巧的小王却经常在网站上发表一些不当言论，与偶像的“黑粉”相互谩骂。

父母得知小王的行为后多次劝阻，但小王根本不听，多次因为向父母要钱、上网时间过长、不完成作业而与父母发生冲突。近日小王还瞒着老师和家长逃课去当地机场为偶像接机，跟随粉丝团队一起现场举海报、呐喊。家长和老师得知后都很着急，认为小王过度沉迷偶像崇拜，但又不知如何去引导。

一、了解概念

小王的行为表现是沉迷于当今社会流行着的“饭圈文化”，是一种畸形的偶像崇拜行为。

“饭圈文化”是伴随娱乐产业和移动互联网的急速发展而衍生出的一种偶像崇拜新样态。饭圈，即粉丝圈子的简称。与传统追星文化相比，“饭圈文化”有三个显著特征：狂热的情感崇拜、狂热的行动组织、狂热的心理满足。“饭圈文化”中的追星从过去的个体随机行为，转变为体系化、团队化甚至职业化的行为，即形成了“饭圈”。

偶像崇拜指个体对自己所仰慕的对象产生的一种钦佩和推崇心理，以及由此而引发的一系列学习和模仿行为。偶像崇拜是青少年社会化的一个重要历程，是当今青少年精神生活的一部分内容，在当代青少年中是非常普遍的现象。

正确、积极、恰当的偶像崇拜对于青少年的成长是有积极作用的，它可以引导青少年通过钦佩有才能的人来完善自己。但过度、扭曲的偶像崇拜不利于青少年的成长。比如“饭圈文化”可能会使青少年出现价值观上的狭隘扭曲，甚至会出现网络欺凌、恶意举报、贷款追星、荒废学业等不当乃至极端行为。

二、探索原因

小王为什么会沉迷于“饭圈文化”呢？

个人因素

偶像崇拜是青少年时期重要的心理特征之一，是青春期心理需要的反映。青少年对自身、他人、人生、社会等都有许多好奇，但由于身心尚不成熟，在面对一些新问题、新挑战时会出现心理负荷能力和心理承受能力间的不协调，偶像崇拜是青少年成长过程中缓解内心矛盾和心理冲突的一种外部表现形式。当青少年被偶像明星的某一特质所吸引和打动时，其自身的孤独感、不确定性会转化为对偶像明星产生的归属感和爱的内心需求。他们通过对偶像的认同和依恋寻求及确认自我价值。

学校因素

虽然说现在我们推崇素质教育，但是长期以来的应试教育模式导致部分学校片面追求升学率，而忽视了学生的综合能力、个性培养，压抑了学生的学习积极性，导致学生学习生活单调，学习压力过大，再加上学校对社会流行文化反应慢，对学生心理发展了解不够深入，对于学生树立正确偶像观缺少及时、必要的启蒙和引导。

家庭因素

家长忽视孩子的内心世界，家庭教育出现盲目性、功利性、片面性倾向。孩子不能在家庭中得到适宜的支持，亲子关系恶化，孩子出现逆反、孤僻等消极情绪，从而加速了孩子向“饭圈文化”的靠拢。

社会因素

“饭圈文化”现象也与互联网技术与网络社会发展密切相关。互联网的发展将粉丝聚集在了一起，这种聚集方式不受空间、时间、地域影响，让粉丝能够自如地追星并在追星过程中找到自己的归属与价值。互联网上对于偶像明星的过分渲染，使学生在长期的耳濡目染中被动接受了社会文化中不良意识形态的浸染。

了解了小王沉迷于“饭圈文化”的可能原因，教师该如何走进小王的“偶像世界”，有效化解“饭圈文化”对小王的消极影响呢？

三、教师辅导站

为了引导沉迷于“饭圈文化”的小王同学，教师可以这样做：

尊重倾听，引导其正确认识偶像

教师可以尝试多与小王谈心，倾听小王对于自己崇拜明星且沉迷于“饭圈”的解释，了解其真实想法、感受与需求。不否定、指责其崇拜偶像，肯定明星李某身上值得学习的良好品质，同时一起探讨其崇拜明星行为的积极价值和消极影响，探寻理性崇拜明星的方式、方法。

了解需求，引导其化解内心冲突

教师要真正站在小王的角度去倾听她的感受，聆听、了解小王在成长过程中碰到的内心矛盾和心理冲突，引导其用恰当的方式、途径去化解内心冲突，引导其正确认识自我，理性对待自身优势和不足，帮助其探寻自身需求与价值并思考如何从自身条件出发获得更好的发展。

探索路径，引导其树立正确偶像观

教师引导学生多元化认识偶像。尝试通过学科教学、主题活动等引导学生对“追星”“饭圈文化”“舆论制造”等社会热点问题进行讨论，满足青少年的好奇与探索心理；文明理智追星，抵制不良行为，用偶像的力量激励自己成长，在追星过程中习得更多自身本不具备的优秀技能。

教师还可以引导学生多样化选择偶像。引导学生对偶像的关注点从外在形象转向个人才能、成功经验、高尚道德情操等多方面；宣传社会各行业的“时代楷模”“最美人物”等的事迹，发掘他们身上容易为青少年所接受的“明星”特质，引导学生善于发现和挖掘生活中那些平凡但不平庸的人身上的优秀品质，加强主流文化对青少年的吸引力和辐射力。

科学指导，发挥家校合作合力

引导家长树立科学的教育观念，营造和谐温馨的家庭氛围，加强与孩子的沟通对话；面对孩子的追星行为，教师和家长一起了解孩子的真实需求，并引导孩子采取理性、正确的方式崇拜偶像。

偶像崇拜是青少年成长过程中非常普遍的现象。它是青少年社会化的一个重要历程，是青少年精神生活的一部分，在缓解青少年内心矛盾冲突中也发挥着一定作用，如果学校、教师和家庭加强合作，正确引导，用偶像的力量激励成长，那么理性的偶像崇拜也能够转化为促进青少年自身成长的动力。

（上海市莘光学校　国家二级心理咨询师　姚璐璐）

学生扬言要离家出走，到底是怎么了？

睿睿是七年级的男生，长得白白净净的，看上去书生气十足。他平时成绩中等，可是这次期末考试却跌到了班级倒数几名。班主任李老师找睿睿认真地谈了一次，睿睿说最近父母工作比较忙，放学后他就一直打游戏，作业都是敷衍了事的，所以成绩一下子下跌了这么多。他表示已经意识到了自己的错误，今后一定会以学习为重，不再因打游戏而影响成绩。李老师则鼓励他利用寒假，查漏补缺，争取将本学期中欠缺的部分都补上。

可刚放假没几天，睿睿妈妈就心急火燎地找到李老师，说睿睿离家出走了！李老师让睿睿妈妈说一下来龙去脉，原来是睿睿爸爸看到了他的成绩单，又去查了他的电脑，勃然大怒，两个人起了很大的争执，父子俩情绪都十分激动。睿睿一气之下扬言要离家出走，然后拿了自己的书包和电脑就出门了。睿睿妈妈急忙赶上他，好说歹说让他先去了外婆家。睿睿妈妈非常苦恼，原本懂事的儿子，怎么一下子就这么冲动了呢？

一、了解概念

学龄期的孩子都会存在一定的逆反心理，或多愁善感，或暴躁易怒，难以控制自己的情绪。尤其当遇到一些难以自我排解的事情时，总会产生逃避或其他极端的办法。

现阶段，青少年学生离家出走或失踪的情况非常频繁。考试成绩不佳、与同学发生龃龉、被教师批评、与父母沟通失败……诸如此类的问题都会引起学生的应激反应，从而想要逃离目前的生活环境，部分会选择比较极端的离家出走。他们想通过这种方式，一方面表达自己的不满和愤懑；另一方面，也可以掩饰自己的不知所措，暂时脱离他们无法预判的局面，希望借助时间来缓解自己的迷茫。一些电影电视中的题材，也描述过小小少年不畏艰险，离家出走，成年后衣锦荣归的故事。但是他们不知道，“愿你出走半生，归来仍是少年”，这只存在于想象中的世界。在现实生活中，由于孩子们社会阅历尚浅，当他们一气之下离家出走后，会涉及社会治安、公共安全、生活保障等诸多问题，还有可能沦为少数别有用心之人的工具。因此，当前学生离家出走的现状极其堪忧，亟待解决。

二、探索原因

那些有“离家出走”安全隐患和曾经有过“离家出走”经历的孩子，他们为何会有离家出走的想法呢?

社会因素

孩子们很多都是通过网络的渠道获取信息，其中的内容难免良莠不齐。他们近乎是一张白纸，网络上的相关评论会被他们不加分析地照单全收，并且影响自身的内心建构。部分学生推崇备至的网红剧集，为了剧情的跌宕起伏，设计了主要人物离家出走去闯荡江湖，然后机缘巧合下成为一代宗主，抑或离家出走的女孩偶遇“霸道总裁”，最终喜结连理等剧情……这些都或多或少影响着孩子们的想法，造成他们价值观的扭曲，觉得与其在家里和学校里庸庸碌碌，不如离家出走去开辟另一片天地。

学校因素

目前的授课方式，部分限制了学生的自主探究和思考，不利于培养学生学习的兴趣；部分教师的批评式教学，使得学生得不到鼓励和赞扬，失去学习的自信与乐观；在升学的压力下，教师把有限的精力用在成绩好的学生身上，对他们关注有加，沟通较多，而对于其他学生则相对忽视，这部分学生就很少得到教师的人文关爱。

家庭因素

家是学生生活的主要场所，家里的任何事情，都会对学生产生影响。当学生在学习上遇到困难时，家长应该跟孩子一起商讨解决方法，但部分家长或置之不理，或采取批评、打骂等粗暴的手段对待孩子。像前面提到的睿睿爸爸，对孩子成绩下降心里着急，这是情有可原的。但是家长跟孩子起了冲突，这样不仅使得孩子感受不到家庭的爱与温暖，甚至害怕、厌恶回家，这样就会让学生产生远离家庭的想法。另外，部分家庭中原本就存在的冷战、家暴、争吵不断等问题，让孩子长期笼罩于这样的阴影之中，他们想要逃离这种压抑、冰冷的环境，最终也会离家出走。

自身因素

处于青春期的孩子们，原本就是叛逆、敏感而多疑的。他们自尊心强，爱面子，但在家长或教师的心目中，他们还是小孩子，批评的时候会不分场合。这样随意“践踏”学生的自尊心，会造成他们的心理创伤，继而导致他们离家出走。

三、教师辅导站

如果教师得知消息的时候，孩子已经离家出走了，教师在保持自己沉着冷静并向上级汇报的同时，需要提醒家长：首先报警；接着联系家中亲朋好友，询问孩子是否联系过他们。同时教师要协助家长联系与孩子相熟的同学，梳理学生可能的去向并做好隐私保护工作。

如果孩子仅仅表露出自己有离家出走的想法，教师一定要防患于未然，在通知家长注意孩子动向的同时，还需帮助孩子增强解决问题的能力，而不是一遇到解决不了的问题就选择离家出走。具体来说，有以下几个方面。

处理好人际关系

帮助学生明确自己的角色定位，处理好与家庭、学校、社会的人际关系。推荐教师通过角色扮演的形式，再现各种情境，让孩子们跳出“自我”的局限，从“观众”的视角去感受和分析问题，为学生营造出另一个视角去看待类似的事件，得出与第一人称所不同的体验。如可以让两位学生分别扮演妈妈和儿子，从一份考得不好的考卷谈起。再请两位扮演者和观众发表自己的感想或体会。若再遇到问题的时候，可以停下来思考一下：如果我是他，我会怎么想，怎么做？如果不是这样的话，还可以怎么做？通过设身处地体会，从而感受别人的思维和情绪。在今后遇到类似的情境时，可以给予别人适当的赞美和及时的鼓励，并拉近友谊，反馈真情。

缓解压力，自我调节，克服消极情绪

教会学生有效的减压方法，比如深呼吸、听音乐、洗热水澡、运动、看喜剧片、外出散步，等等，都可以有效地缓解压力。

对于有离家出走倾向的孩子，教师可以跟他们讨论一下他们的具体计划，遵循“5w”原则：why（为什么要离家出走），what（离家出走可以达到什么目标），when（具体什么时候离开），where（离开家后去哪里），how（需要怎么做可以避免危险）。让学生知道遇事要做到“瞻前顾后”。

另外，良好的心理暗示可调节情绪，放松紧张的心情。教师在教学中，引导学生切忌匆忙下结论，给自己几秒钟，深呼吸—想一想—再深呼吸—再想一想，让自己恢复到平时的状态；遇到需要解决问题的时候，要先厘清事情的来龙去脉，再思考解决办法。

培养坚强的意志

着力锻炼学生不怕困难、勇于探索的精神，以及坚强的抗挫折心态。

榜样的力量是无穷的：建议选取身边的或者比较熟悉的人物做榜样，以现场讲解为佳，以举例为主；对于无法请到现场的，也可以采取现场连线、观看视频或朗读事迹等方式。现场分享后，及时让孩子给予反馈，形成闭环沟通。

在实践中不断完善：校内的各项活动，如运动会中的集体项目、艺术节的演出、爱心义卖等，教师可以将这些任务分成几块，分别交给不同学生负责。在此过程中，教师要做到放手，不参与，不提供帮助，让学生们自己解决问题。

路漫漫其修远兮，前进之路不可能总是一帆风顺，当出现波折时，需要教师、家长和孩子联合起来，大家一起面对困难，齐心协力，解决问题。相信在教师的正确指导，家长的倾力配合，学生的积极合作下，孩子们的成长之路会走得更加稳健。

（上海市第一人民医院　国家二级心理咨询师　张颖）

学生一心读书，对其他事情漠不关心，是什么问题？

辰辰是个初二的男生，长得高高大大的，成绩也一直名列前茅。但辰辰总是独来独往，从不主动参与班级和学校的任何活动，与同学之间也很少有交流，就好像透明人一般。

马上要进入毕业班了，老师觉得有必要跟辰辰谈谈，回顾一下初中的生活，让他多多跟同学们交流，积极参与班级里的各项活动，以期为初中生涯留下美好的印象。谈话当天，辰辰非常认真地跟老师沟通，不仅虚心接受老师说的要求，也反馈了老师要求他务必做到的事情。班主任老师对谈话的效果非常满意。原本以为自此以后辰辰会有所改观，可是，在之后的时间里，他仍旧我行我素。家长会后，老师约了辰辰妈妈单独交流。没谈几句，辰辰妈妈就开启了吐槽模式。原来，辰辰在家里也是这样，除了读书，其他事情一概不理，自己的房间乱成一团，对家里的事情基本上可以用“漠不关心”来形容，这让妈妈非常苦恼。

一、了解概念

在生活和工作中，我们频繁遇到这样的孩子：他们认为（或者看上去认为）学习非常重要，一心一意只管学习；而除了学习之外，他们对其他任何事物都漠不关心。生活上随便、任性，得过且过；做事上草率、马虎，一副无关痛痒的样子；与同学或同伴相处时则对人无视，独来独往。对家长，一味索取，无谓反馈，更不知孝道；对他人，淡漠疏离，敷衍了事；对集体，不讲规则，只谈自由；对社会，不愿奉献，怨天尤人。他们虽然在学习方面看上去很有担当，有其可取之处，但是在其他方面，缺乏必要的责任心。

责任心也称责任感，是人们对自己和他人、对家庭和集体、对国家和社会承担义务的一种复杂情感的体验。其中，社会责任感是指一个人或一个团体对社会有所奉献的意识。我们人类是生活在社会中的，社会给了我们生长生活的环境和秩序，我们作为社会的一分子，不仅需要让自己融入社会这个大家庭，也需要对社会尽自己的一份义务。

二、探索原因

为什么这些孩子会除了会学习以外，事事都不放在心上呢？我们认为原因有以下几点。

家长唯成绩论＋一味溺爱

现代社会“4-2-1/2”的家庭模式（即4个老人+2个父母+1或2个孩子）较为普遍。由于父母大多有自己的工作，且工作压力大，工作时间长，导致居家时间缩短，孩子们更多地与祖辈相处。年龄、精力、文化等差异，使得祖辈大多对孩子们以宠溺和生活照顾为主，学习方面除了强调成绩之外，其他方面，比如性格、责任感的培养等则是缺失的。

另外，校内学业压力重，升学要求高，导致父母对孩子的要求总是围绕着学习。而学习程度的衡量是简单粗暴地以成绩论的，奖惩也是跟着成绩来，而其他方面则相对忽略。但人的精力是有限的，在学业上付出过多的精力，就相对缩减了对其他能力的培养。孩子们从小在这样的氛围中成长起来，在他们的认知中，觉得除了分数外其他都是没有用的，成绩好才是硬道理。最后造成了许多像辰辰一样的孩子，在他们的心目中，成绩才是他们要关心的，什么责任感、什么责任心，都是不值得考虑的问题。

校内培训和重视程度有待提高

在升学的重重压迫之下，学校的课业和考核也有一定的侧重，而作业量更是体现了课程的重要程度。相对而言，德育方面则仅限于课堂内，课后作业也仅仅是参观、写感言等，计入系统的成绩更是非常有限。在成绩的指挥棒下成长起来的学生就会形成“这个对学习没有什么用”的想法，继而影响到相关课程的课堂教学。

社会适应能力差

有的孩子因为一心学习，忽视了人际交往和沟通，导致社会适应不良，无法融入集体，无法与他人友好相处。为了掩盖社交无能，只好借助一心读书来逃避人际之间的交流。随着年龄的增长，这个缺点会更明显地暴露于人前，影响孩子今后的学习和工作。

三、教师辅导站

有意识地着力培养学生的责任感是一项育人的系统工程，需要学校、家庭、社会各方面的共同努力。我们可以关注以下方法。

家校联动，从转变家长思路着手

家庭的环境对孩子的影响非常深远，要让家长跟教师一起携手营造培养孩子责任心的环境。首先，要通过家访、家长学校等形式，跟家长沟通责任心对学生的重要性。其次，共同探讨如何结合家中实际情况，有针对性地培养。可以让孩子做一些力所能及的家务劳动，如清洁自己的房间、倒垃圾、养护绿植、喂养宠物等。家校之间可以通过家校联系卡和家校联系平台，用图片或视频等方法记录学生完成情况。教师定期（如每周）对完成情况好的学生进行表扬，督促学生完成任务，养成好习惯。

培养学生饮水思源，学会感恩

教师通过身边琐事，潜移默化地让学生对所熟悉的实物的价值和所需劳动力形成具体的概念。比如午餐时，要求学生做到按需取用，杜绝浪费；安排相关的主题班会，通过播放相关主题的影片、展示图片、主题演讲、民主讨论等方式，让学生真切地感受到现在生活的来之不易，加深感恩之情。

校园规范促进学生的责任感

学校是学习知识、提升能力的场所，也为学生营造良好的文化氛围和制定落实日常行为规范和学生守则提供平台。每个学生都要熟悉自己学校里的校规校训，并以此作为行为准则，正确处理师生、同学等之间的关系。

在任务中培养独立责任意识

教师可以在班级管理中，委任学生单独完成某项任务。这样，既显示了教师对他的信任，也意味着他必须全力以赴去完成任务。当学生独立完成某一任务后，他会对自身的能力和工作的艰辛有一定的认识。

另外，在学校举办主题活动的时候，教师可以把项目分拆后，让各个小组完成任务。在任务进程中加深使命感，完成后共同分享荣誉。以项目为驱动，让学生提升自己的能力。

在社会实践中，培养服务社会的责任感

学生在教师等成年人的陪同下，到定点的养老院陪老人们说说话，表演拿手的节目，或者带去自己做的点心；或者去社区做志愿者，参与社区的各项工作。在学习与人沟通的同时，学习关心和尊重他人，增强自尊心和自信心，促进自身的成长。

以游戏为突破口，加强辅导，促进沟通

对于年龄较小的孩子，可以以游戏为突破口，吸引学生参与。

课堂游戏，促进交流：在课堂教学中引入游戏环节，比如简单分成两组进行比赛，或者分成8～10人的小组，对之前学习中的难点进行讨论。

课间游戏，促进交往：下课后孩子们可以一起讨论共同关注的问题，也可以一起玩一些游戏，如九宫格数独、猜谜、文字接龙等。

团体活动，增强集体意识：以小组为单位，一起参观博物馆、纪念馆等，从组织到集合、从路线选择到拍照写心得体会，大家群策群力，共同建言献策。

注意事项

在具体操作中，教师还需要注意以下几点。

多关注，少评论。教师一定要注意观察，在遇到问题或反复出现问题时，做到多鼓励少批评，稳定学生的情绪，使其融入各项活动中。

家校联合，共同促进。教师要让家长重视培育，并配合做到：

1. 每天抽出至少一个小时与孩子交流。

2. 帮助孩子与同龄人交朋友。

3. 至少每周举行一次家庭活动。

帮助学生树立自信心。充分挖掘孩子的发展优势，适当提供表现机会，及时表扬和鼓励。

关注心理疏导。密切关注学生情绪变化，发现问题及时处理，必要时请专业人士协助。

教育，就是一棵树摇动一棵树，一朵云推动一朵云，一个灵魂唤醒另一个灵魂。孩子们的身上有优点，也有特点。如何让他们的特点更好地发展，为他们今后的学习生活工作添砖加瓦，而不是成为他们成长道路上的绊脚石，这是我们在工作中需要不断追求的目标。

（上海市第一人民医院　国家二级心理咨询师　张颖）

学生为何总是在其他同学面前吹嘘自己的能力？

小强是初一男生，面对全新的老师和同学，他很想快速获得大家的注意和认可。于是，每天课余时间，他都会游走在各个同学桌边，和他们大聊特聊。慢慢地，同学们发现，小强每次在聊天的过程中，都会把话题拉到自己身上，然后开始吹嘘自己的能力，说自己“上课即使不认真听讲也能看一遍就掌握书本上的知识点了”“回家用半小时就能做完作业，然后大玩特玩”“不用复习也能考到好成绩”，等等。时间长了，大家也都发现小强的话语中多有夸大的成分，而他实际的能力并没有自己吹嘘得那么厉害。

有一次，同学当面揭穿了小强总是在“吹牛”，其他同学也都附和着嘲笑小强，小强被气哭了。老师知道这件事情后，找来小强谈心，问他原因。小强一边哭一边急着澄清说：“我并不是要欺骗大家的，我也没有‘吹牛’。”双方各执一词，面对这种情况，老师该如何处理呢？

一、了解概念

小强这种过分夸张宣扬或编造自己的优点、能力的行为实际上是对自己没有形成全面、客观的认识，同时又急于获得他人关注的一种表现。

限于自我认知的片面性和追求认同的归属感需求，青少年表现出对自己能力的不恰当评价是非常普遍的现象，但如果不能在成长过程中及时习得全面认识自我、表达自我的能力，则会在人际相处中产生冲突和矛盾，不利于青少年的健康发展。

二、探索原因

主观原因

未形成全面客观的自我认知。步入初中阶段的孩子是自我意识形成的关键时期，这个时期他们会更多地思考“我是一个什么样的人，我想要成为一个什么样的人”。这个关于“自我”的认知，不再单一来源于父母和教师的评价，他们开始更注重同伴和自己内心的需求。同时，由于身心发展不成熟，这时候的孩子对自己的评价和选择会出现盲目自信和片面性，感觉自己无所不能，并不能客观、全面分析问题，认识自我。

对于同伴认可和归属感的需求。初中阶段学生的“重要他人”从父母、教师过渡到了同伴、同学，此时的他们更迫切需要得到同伴的认可和支持。而品行更优、能力更佳的学生在同伴中的被接纳、被认可度更高，更易受到同伴的追捧。所以，中学生更急于表现出易被同伴认可的行为和能力来获得集体的归属感。

客观原因

家长过度包办。对于正在向“独立人格”迈进的中学生来说，如果家庭教育过程中，家长过度拦权和包办，会使中学生失去自我管理能力，也无法在自我管理的过程中获得能力的锻炼与增长，进而会缺乏自我认同感，就会通过“吹嘘”的方式来获得自我满足。

外界的不恰当评价。对于急需获得认可的中学生来说，如果家长和教师过于严厉，在平时的教育中以批评为主，缺少鼓励和表扬，也会使学生在同伴中通过“吹嘘”获得满足感的补偿。

也有的家长出于对孩子的溺爱，会给予过度的、夸张的表扬，而对于孩子的缺点过度包容，不能及时指出并帮助孩子改正。久而久之，孩子就会形成以自我为中心、盲目自信和自大的人格特质。

三、教师辅导站

引导学生形成全面、客观的自我认识

教师可以教育学生："任何人都是具有优缺点的，我们既要肯定自己的长处，也要正视自己的不足，从而扬长避短，取长补短，才能在成长中完善自己。"

同时，教师可以教给学生认识自我的方法。比如综合他人评价和自我评价来看待自己，通过自己在活动中取得的经验和成果来认识自己等。教师可以引导学生认真仔细地想一想，用尽量多的形容词描述自己，要忠实于自己的内心；在此基础上，进行第二步，客观描述自我，描述父母眼中的我、同学眼中的我、老师眼中的我、兄弟姐妹眼中的我，再寻找这些描述中共同的品质，将其归类。描述的维度越多，就越能帮助学生找到比较正确的自我。

以下《自我认识反思表》可以帮助学生从多维度形成对自我的全面认识。

自我认识反思表

表1　他人眼中的我

父亲眼中的我	母亲眼中的我
老师眼中的我	朋友眼中的我

表2　我眼中的我

我最喜欢的是	我最擅长的是	我最重视的是
我小时候的愿望是	我最有成就感的是	我的不足是
我最喜欢看的书是	我最钦佩的人是	如果明天是世界末日，我最想完成的心愿是

提供给学生发挥价值的平台和机会

教师可以在平时的学习和班级管理中，多多放权给学生，逐步培养他们的自我管理能力和同伴互助能力。比如让学生策划一次主题班会，让学生做一次小老师讲解一个知识点，等等。这不但可以让学生在实践中获得锻炼，也可以在自主完成任务后获得成就感，形成基于实际成就而获得的自豪感。

实事求是地鼓励和赞美学生

面对学生，教师要能够在学生犯错时接纳学生的不足，经常和学生沟通，及时反馈并鼓励他们的微小进步。教师可以与学生谈心，畅聊学习和生活中的成功时刻与喜悦，实事求是地挖掘并赞美学生的优点，增强学生的自信心，同时引导学生能够真正地悦纳自我。

引导学生运用记录的方式直观地看到自己的成功

记日记是青少年常用的一种将自我思考可视化的形式。教师可以引导学生通过记日记让他们的自我教育过程更加主动自觉。学生可以在日记中完成自己和自己的谈话，边叙边议，有事实，有分析，有评价，有态度，这是主体我与客观我、理想我与现实我的典型交锋。学生在日记中的表达一般都较为坦白、客观、真诚，不仅写的过程是一种自我思考，过后再读也是一种自我教育。

创设更多的同伴交往机会

初中时期的青少年虽然有迫切的同伴交往需要，但是很多学生缺乏同伴交往的技巧和机会，导致他们在面对同伴的时候不能自然、恰当地表达自我。教师可以通过班会课或者其他主题活动的机会，传授学生人际交往的技巧，再多多创设一些同伴交往的机会，比如建立学习小组、成立小社团等，让学生在理论学习与实践中获得成长，学会建立和谐的人际关系。

与家长沟通形成家校合作

如果学生的行为表现受到家庭不当教育方式的影响较大，教师也可以和家长沟通，从学生成长角度向家长提供科学的家庭教育建议，并形成及时、长效的家校沟通模式，家校携手为学生的健康成长保驾护航。

总而言之，学生的成长离不开教师的关注，如果教师能够给予学生足够的耐心、爱心与包容心，再加上科学的教育方法和技巧，就能更好地帮助学生们健康、自信地成长了。

（上海大学附属嘉定留云中学　国家二级心理咨询师　殷婷）

中学生感觉同学思想幼稚，和他们无话可谈，怎么办？

小雅，某学校初二年级学生。最近小雅有点烦恼，她不知道自己怎么了。在预初、初一的时候，她很喜欢跟班级其他几位女同学打打闹闹，谈论一些八卦、偶像之类的话题，但是，上了初二以后，她发现自己好像变了，自己不仅对这些话题失去了兴致，而且感觉一群人在一起嘻嘻哈哈有些肤浅幼稚。

小雅现在不知道自己该以怎样的状态面对班级同学。如果附和他们，自己会不舒服，如果不附和他们，可能别人会觉得她有点“装”，认为她小心思太多，故作深沉，以便引起他人的好奇。因此她有时候宁愿一个人待着，但小雅自己也觉得这样不是长久之计，为此感到很苦恼，情绪很低落……

一、了解概念

上面的故事教师可能在教育教学中偶尔会遇到。小雅遇到的烦恼，其实是青少年自我同一性发展过程中常见的一种现象。自我同一性就是个体对过去、现在、将来“自己是谁”及“自己将会怎样”的主观感觉和体验。

进入青春期以后，青少年身体发育迅速，生理上的变化使他们不自觉地将自己的思想从一直沉浸其中的客观世界中抽回一大部分，重新指向主观世界，使思想意识再一次进入自我，从而导致自我意识的第二次飞跃。在这阶段，他们会逐渐开始思考："我是谁？我从哪里来？我的存在对于这个世界有什么意义？"这些思考便是自我同一性发展的过程。

埃里克森认为自我同一性的形成过程就是人格形成的过程。我们在成长的过程中逐渐形成自己的人格，思考自己将要发展成为一个什么样的人。

二、探索原因

造成小雅困扰的原因一般可以分为自身原因和外在原因。

个人自我意识的发展

青少年在进入青春期以后，自我意识飞涨，感觉自己是个"小大人"了，不再愿意参与一些"小孩子"的活动，开始思考自己与他人的不一样以及自我价值，等等。小雅正处于这一阶段，她通过不断探索，发现了自己个性中的多面性，比如有时候喜欢玩闹，有时候又喜欢安静，因此会对自我产生迷茫，再加上以往从未遇到这种情况，所以会对自我产生一些类似"我是不是有问题""我要如何看待他人的评价"等一系列问题。

过分看重他人对自己的评价

小雅开始关注个人感受的同时，依然过于看重他人对自己的评价，害怕他人的负面评价，会因为他人评价变得迷茫和不开心，说明小雅尚未形成对自我进行客观评价的能力，也无法正确对待他人的评价。

缺少必要的人际交往技巧

当小雅和以往变得不一样时，害怕同学说她"装"，为此感到苦恼，但同时她无法理解他人，认为其他同学谈论的话题比较肤浅幼稚，也不愿意融入。这说明小雅同学与人交往的方法技巧不足，比如接纳、真诚、同理心等，可能没有交到真正的朋友，这也成为了她情绪不佳的一个原因。

三、教师辅导站

这种问题在学校里或多或少都会遇到，那么面对这类学生，我们可以怎么做呢?

正常化，学会接纳自我

进入青春期以后，随着自我意识进一步发展，青少年对自我的认识更加深刻，其实也是自我的一种成长。遇到这类学生，教师可以告诉他们，这种困扰其实是我们成长过程中很正常的一种现象，不少人都会经历这一阶段，说明我们一直在努力探索自我、完善自我，我们要愉快地接纳自我的改变。这样做，教师可以帮助学生打消顾虑，重拾自信。

教学生客观全面地认识自己

作为教师，可以运用“乔哈里窗”的活动帮助学生全面认识自己，丰富自我内涵。乔哈里窗被称为“自我意识的发现—反馈模型”，具体是从关系角度把自我分作4个分区：公开区、盲区、隐藏区、未知区。“公开区”是指已经公开的优势和长处，比如绘画、体育等，可以多利用学校各种平台展示自己，树立自信。“盲区”是指自身可能忽略掉的优势或潜能，但是他人却看在眼里，这时候我们可以多跟人交流，寻求别人的反馈，通过他人的补充来更好地了解自我。“隐藏区”是指自己知道而别人不知道，也就是自己隐藏且比较秘密的那部分，对于“隐藏区”我们需要通过适当的自我暴露和表达来拉近与他人的距离。“未知区”是每个人的潜能所在，教师可以鼓励学生参加丰富多样的活动，比如参加学校诗歌朗诵、演讲、戏剧社等活动，帮助学生探索和完善自我，挖掘自己的多面性。

教学生正确看待别人的评价

言语说服。对于像小雅这样，由于他人评价而导致自我情绪不佳时，教师可以有意识地给以鼓励和表扬，树立“我已经很好了”“日久见人心，肯定有一天他们会理解的”等积极暗示。

分阶段设置同伴相处目标。类似小雅这种同学，可以先帮助他们设立具体、简单的目标，并写下具体的实现步骤，慢慢加大难度。比如一开始可以主动为班级需要帮助的同学提供帮助；慢慢地过渡为每天找三个同学进行真诚的夸赞，重建好感度；当这些都很顺利进行的时候，可以尝试融入一些小群体，跟他们慢慢开始搭话。相信时间一长，同学们就会慢慢接纳她了。

客观看待他人评价。他人评价属于"镜中自我"，我们在还没形成稳定的自我评价时，需要通过他人评价来获得自我评价，比如一些中肯的建议对我们的成长有很大的帮助。但是，也不能完全听信别人的评价。在面对他人评价时，我们要客观对待，既要对自己有独立的思考，不被他人评价轻易影响自己，也要听取他人评价中的可取之处，助力自我成长。最终想成为什么样的人，其实说到底完全取决于自己。

教学生人际交往的技巧

在与人相处过程中，如果想要拥有比较和谐融洽的关系，可能会需要用到一些方法和技巧。

尊重他人。在这个案例中，小雅感觉他人比较幼稚，这时教师可以告诉她，在与人相处时如果出现他人观点和自己观点不一样的情况，要懂得求同存异，互相尊重，每个人都可以有自己的观点和喜好，不可轻易评判他人。

懂得换位思考。当遇到一些烦恼时，教师可以询问学生："如果是其他同学突然变得不理人了，你对他会有什么看法呢？"这样，可以帮助学生学会站在他人立场上思考问题，而不是只局限于自己的视角，这样看待问题就会更加全面，也不容易陷入自我思维的怪圈。

真诚。在人际交往时，贵在真诚，像小雅这样即使自我成长了，跟原来性格有些不同，也要真诚待人，不可戴上"虚伪"的面具，"日久见人心"，时间一长其他同学就会慢慢相信你，理解你，也就不会再多说什么了。

有时候，学生看似遇到了"问题"，但有时作为教师，我们不要过于慌张，急于给他们定性，甚至说他们有心理问题。因为他们遇到的困扰也很有可能是他们成长过程中一种普遍的现象。当我们选择不急于批判，默默陪伴，选择一些恰当的方式及时疏导，耐心等待这一阶段过去，他们也就获得了成长。

（上海市南洋初级中学　国家二级心理咨询师　赵倩）

课间害怕和他人讲话，总是躲在厕所，她怎么了？

芳芳从小性格内向，言语不多，她平时不怎么与别人交流，当有人找她说话时，她总是低着头，声音好像蚊子一样轻。那天，前排同学盈盈的彩笔不见了，找了一天都不见踪影。最后，盈盈将周围同学桌肚里的物品都翻出来，没想到在芳芳那里居然找出来了那支笔！周围的人都悄悄说芳芳是“小偷”，要离她远点。芳芳委屈地哭了起来，低着头小声说，不是自己。但从那以后，芳芳更加形单影只了，上课从不主动发言，借故逃离集体活动，甚至课间休息时，她不与同学玩耍，更不愿意和别人多说一句话，一下课就躲在厕所，等到上课才出来。这样奇怪的行为终于被班主任知道了，班主任想请芳芳到办公室谈谈，如果芳芳真拿了盈盈的笔可以赔礼道歉，若另有其人也可以借机好好整顿班风。

不过，当班主任关切地询问她时，芳芳依然沉默不语、满脸通红，半天也憋不出一个字来，最后又躲到厕所去了，怎么劝都不出来。芳芳，她到底怎么了？

一、了解概念

芳芳的这些回避行为值得教师们注意，首先，要排除她有没有精神症状，如芳芳说，别的同学要加害她、议论她，就算躲在厕所也能听见，而这经过反复验证又不是事实，但她依然坚信不疑时，建议家长带孩子到医院做进一步诊断。

如排除了精神症状，则要考虑芳芳的行为是否属于社交恐惧症。社交恐惧症，也称社交焦虑障碍或恐怖性神经症，它是神经症的一种类型。通常，该症起病于青少年期，以过分和不合理地惧怕外界某种客观事物或情境为主要表现，学生明知这种恐惧反应是过分的或不合理的，但依然反复出现，难以控制。表现为：不敢见人，遇到他人便局促不安，处在一种非常紧张的状态，甚至出现心慌、出汗、呕吐、晕眩、全身颤抖等身体症状。严重者拒绝与任何人交流，把自己孤立起来，给日常学习生活造成极大的困扰。

社交恐惧症是学生群体中常见的人际关系障碍之一，中学生渴望友谊，期待获得同伴认可，但依然有少部分学生性格敏感、自卑多疑，如果在缺乏沟通技能、遭遇重大挫折或没有社会支持的情况下，他们更容易在社会交往方面出现显著持久的恐惧。

二、探索原因

社交恐惧症的原因尚不明确，可能是多方因素共同作用产生的结果。

遗传因素

社交恐惧症具有家族遗传倾向，尤其影响到女性亲属。同时，社交恐惧症的一级亲属，如父母、子女、同父母的兄弟姐妹等患此病的风险明显增高。

生理因素

社交恐惧症的生理病因尚未明确，但是有研究发现患者出现恐惧症状与血浆去甲肾上腺素系统的功能亢进、以杏仁核为核心的条件性恐惧网络超敏、基底神经节和纹状体等区域的脑血流增强、多巴胺功能障碍等相关。

成长因素

该症受到家庭因素的影响，如父母婚姻冲突、父母过度保护或抛弃、儿童期受虐待、缺乏与成人的亲密关系、家庭频繁搬迁等。此外，在校表现情况差、遭遇不公平待遇、出现校园欺凌等现象，也是导致其出现社交恐惧症的重要因素之一。

心理因素

社交恐惧症一般是后天学习的基础上形成的一种条件反射。比如，学生在交往过程中屡次遭挫折，看到或听到别人在某种交往情境中遭受讥笑、拒绝等，在心理上形成一种打击或威胁，长此以往，他在以后遇到新的类似的刺激情境时，便可能感到痛苦、羞耻、害怕，进而产生恐惧感。

缺乏锻炼

由于各种原因，学生缺乏与人接触的机会，在社交技巧和能力方面缺乏实践锻炼。如果学生在多次人际交往之后，总是给别人不好的印象，造成尴尬的处境，便会导致其不愿意再次尝试，宁愿不社交，也不愿意再次面对这种不佳环境。

人格特征

一般而言，有两类人格特征的学生容易出现社交恐惧症：一类是性格内向，他们有强烈的自尊心，总是担心出现问题，因此害怕与陌生人交往，喜欢回避社交问题；另一类是特别爱面子，倾向于追求完美主义，他们渴望在别人面前表现得完美无缺，在社交中常常被条条规矩所束缚，并强迫自己达到社交的标准，一旦有任何不足之处，便总会后悔莫及。

三、教师辅导站

作为教师，我们可以怎么做呢？

学习识别社交恐惧症

社交恐惧症最主要的特征包括：对某些环境有强烈的恐惧，比如教室、办公室、操场，且其恐惧的程度与实际危险不相称，即常人无法理解的；发作时有焦虑和身体的症状，比如心慌、出汗、发抖等；学生出现反复或持续的回避行为，如躲到厕所里、害怕上学等；也有学生反馈，明知恐惧是不必要的，但仍无法控制自己；以上情况已经明显干扰到正常的学习生活。此时，教师应注意留心观察，关注学生在校情况。

求助专业机构

若学生出现以上问题且无法排解，应尽快告知家长，同时可以请学校心理教师介入，共同评估或到专业医院进一步评估或诊断，谨遵医嘱，以帮助学生的病情恢复。

追溯事情源头

作为学校的教师，我们可以试着做辅助性的心理支持工作。当发现学生出现紧张不安、焦虑恐惧、社交回避等症状时，或许我们可以去追溯事情的源头，认真倾听，询问事情经过，找到问题的起源，解铃还须系铃人，教师组织相关同学当面解释、澄清，化解学生的“心结”。

行为强化训练

在教学过程或班级管理中，可以使用行为强化训练，用来培养学生新的适应行为。根据学习原理，一个行为发生后，如果紧跟着一个强化刺激，这个行为就会再一次地发生。当学生出现一次改善社交的举动或合群的行为时，教师要及时发现，并通过物质或精神奖励、表扬使其巩固。

主动关爱学生

教师可以定期与学生进行谈心，询问近期的思想动态，安排热心的班委与其交流互动，组织班级召开例如“如何与同学打交道”“当误会发生时我该怎么办”“班级里的独行侠”等主题班会，营造轻松的氛围，包容和接纳学生在社交方面的不足，引导学生共同学习人际交往中的技巧，主动学习与人交往。

树立学生自信

平日，教师需要留心发现学生自身的闪光点，结合其他任课教师的反馈，多给予学生关心和表扬，帮助学生建立自信心。同时，在家校沟通时，要与家长形成良性互动，而不是一味地反馈负面信息，为其成长发展创造宽松包容的环境。

最后，教师可以在班级中开展以下活动，帮助学生掌握沟通的技巧。

活动一：撕纸游戏

1. 每位学生拿到一张同样大小的纸，不看不问，按照教师指令进行撕纸。

2. 教师发布指令：把纸对折再对折，把右上角折个三角形再撕去，旋转180°后，把右上角折个三角形再撕去。

3. 学生睁开眼睛观察纸张是否都一样。教师引导学生思考，提出沟通的重要性。

活动二：如何开始交谈

两人一组，扮演互不相识的陌生人，练习如何开始交谈，选出代表分享经验。

活动三：如何迈向亲密

头脑风暴，班级分小组讨论如何才能维系友谊，有哪些原则，并展示分享。

活动四：如何处理冲突

常见的矛盾有哪些？冲突的应对方式有哪些？退缩、投降、攻击、说服、讨论等。

活动的最后，教师对学生进行鼓励并总结活动。

（上海市罗山中学　国家二级心理咨询师　周丹妮）

寝室关系矛盾是什么问题？

> 游熙是一名初中二年级学生，由于学校距离家庭位置较远，父母工作又十分忙碌，夫妻二人经过讨论，决定让游熙住校以减少因路程往返而浪费的学习时间。游熙的学校不允许学生带手机进校，刚开始他还可以遵守要求，经过一个学期住校生活后，他用自己的压岁钱悄悄地买了一部智能手机带到学校，放学后方便自己打游戏。由于游熙在寝室中晚上十点后还打游戏并不自觉发出声音，不但影响了舍友，其他同学看到后也向他借用手机玩游戏。舍友因为其影响到自己休息，便告诉了老师游熙带手机到校的情况。游熙与室友的矛盾一触即发。

一、了解概念

有的住校学生喜欢规律的生活，有的就喜欢当夜猫子，这样特别容易激化寝室矛盾。教师要帮助学生化解矛盾，首先需要了解一些基本概念。

成熟度

中学时期的青少年成熟度差异较大，有些已具有相当的思考能力，有些则行为十分冲动，缺乏深思熟虑，成熟度参差不齐；他/她们看重友情也在意他人评价，既面临着空前的学习压力，同时又有个性化生活时空的需求。

价值取向

世界卫生组织定义青春期为10～19岁，中学生处在青春期，大学生处在青春后期，他们对于生命、生活质量、助人、贡献社会、物质享受等处于探索和观察阶段，同住一个寝室，如何相处也在试错摸索，产生矛盾多是没有形成较为稳定、积极的寝室规则。

社会认知

社会认知是了解社会关系的能力，是对他人的了解，如：他人的情绪、想法、意图、社交行为与一般观点。社会认知是所有人际关系的基础。青少年在与别人相处的时候需要知道他人的想法与感觉，而不能只顾自己感受。

道德认知

道德认知是指个体对社会行为准则和道德规范的认识。皮亚杰将儿童道德认知发展分为前道德阶段（0～5岁）、他律道德阶段（5～10岁）和自律道德阶段（10岁以后）。自律是指道德判断受其自己的主观价值标准所支配，即外在的道德标准内化于己，儿童10岁以后逐渐形成自律道德阶段的核心就是既考虑自己也考虑他人利益的互惠性人际关系。

无论是成熟度还是价值取向、社会认知、道德认知都指向了自我成长过程中人际交往的共情、互惠、互助的基本元素。

二、探索原因

游熙因打破寝室作息，也违反了学校规则，引发同学的攀比和嫉妒，他们不仅情绪受到了影响，正常的学习与生活也受到了干扰。

另外，中学时期，引发寝室矛盾还可能有以下原因。

攀比

谁买了好鞋，谁买了名牌服装，谁的偶像怎样，等等。

嫉妒

谁的学习好，谁长得漂亮，谁打什么游戏很厉害，等等。

关系问题

同寝室同学拉帮结派，孤立同学。

三、教师辅导站

了解了以上概念和原因后，作为教师应该怎么帮助他们呢？

帮助学生转变想法

寝室矛盾发生时，有的学生情绪会无意识地爆发，易激动，有的学生则采取默默冷战的方式。教师可请同学冷静思考在这件事情中自己和对方各自坚持的是什么？坚持的背后有什么想法？态度与行为有没有不妥之处？想法是否陷入到认知偏差？如果回到事情发生之前，可以怎么做来避免产生矛盾？

教会学生换位思考式沟通（共情式）

通过共情训练（所看、所听、所思、所想）站在对方的视角和出发点思考，多倾听，采用温和态度，反馈自己的感受，表达对对方的理解，共同提出解决方案，尊重并宽容他人。

引导寝室长发挥催化作用

寝室长带头开展同伴教育。教师要充分尊重同学、信任寝室长，引导他们自己化解矛盾，启发他们用建设性、积极的方式来面对自己周围的人和事。如：生活习惯问题可请寝室同学自己先与某习惯不同的室友聊一聊，跟他/她讲一讲最近受到的影响及感受，双方都做出改变。如果沟通受阻，也可以请其他受到影响的室友和该室友沟通。若多次沟通没有效果，可考虑开个寝室会议，大家坐下来一起商讨，寝室长可以引导室友们先反思自己存在的问题，开诚布公地说出来，再分析其他人存在的问题，这样能够提高每个人对自身错误的接受度，其间寝室长可以调节氛围，由严肃逐渐转为愉快的畅谈，随后大家一起制定或修订未来的寝室规则，采取行动且互相监督遵守。

协助同学建立寝室公约。寝室同学的生活作息不一致，可以由寝室长带领寝室同学统一协商，通过同学们一致认可的规则来管理寝室成员，提高寝室内务管理水平。注意卫生，个人区域保持干净，寝室公共空间明确责任。这样，就会尽量地减少矛盾，以保障基本的生活节奏。

加强沟通，促进师生和学生间形成和谐的关系。教师可定期走访寝室，多与同学交流沟通，定期召开寝室长碰头会，及时了解情况，加强与同学的感情联系和对寝室长的支持，才能避免寝室出现矛盾激化，小事变大到一发不可收拾的局面。通过以上的措施，一方面不但可以拉近同学间、师生间的距离，另一方面也让同学发挥主动性，积极解决矛盾，学会应对生活中的挫折和挑战。

总的来说，第一，教师在日常工作中注意强化学生集体意识，可以开展以班级为单位的集体活动，加强凝聚力。第二，召开班会共同探讨人际关系问题、冲突解决的沟通技巧。第三，召开寝室长会议，针对不同的寝室问题开展头脑风暴会议，寝室长分享经验。化解同寝室同学矛盾的过程，也成为了解自己和他人需求，学习共情式沟通的个人成长历程。

（上海市健康医学院　国家二级心理咨询师　祖燕飞）

为什么班级出现拉帮结派的现象？

萱萱和欣怡刚入学的时候，是一对非常要好的朋友，两个人不仅学习成绩名列前茅，而且兴趣爱好相投。可是，刚过完寒假之后，她们俩之间好像莫名其妙地生疏了起来，她们各自都结交了新的朋友。也不知何时开始，谣言漫天飞，她们眼里似乎已经容不下对方，萱萱说欣怡爱慕虚荣，欣怡鄙视萱萱人品差，两人在暗地里拉拢身边同学，双方誓不两立。班级大部分同学都加入到两人对抗的阵营之中，这给班主任菁菁老师的工作带来了很大的麻烦。时常有同学到办公室来打小报告：因为一些小事，萱萱和欣怡又吵起来了！她们还在网上、朋友圈里、微信群里对骂……

连任课老师也向菁菁老师抱怨，分组时两个小团体的人都不愿意分在一起，菁菁老师虽然处理过几次，可是两人口服心不服，一波未平一波又起。菁菁老师为此感到不解，两个同学上学期还好好的，她们之间发生了什么事情？另外，班级里其他同学好好学习不行吗？整天拉帮结派干什么呀？

一、了解概念

要想理解萱萱和欣怡行为背后的原因，我们先来了解一下概念。小团体，也称非正式群体、自然群体，它是相对于班委会、小组等一类正式群体而言的，是无正式规定下学生自发形成的群体。

俗话说，“物以类聚，人以群分”。同伴交往对于成长中的学生来说具有重要意义，而小团体的存在能给学生提供信任和理解，获得归属感、成就感。因此，在青少年阶段，班级是最容易出现小团体的。可以说，绝大多数的班级中都存在小团体。它们一般由3～5个或者更多的学生组成，小团体一旦形成，成员一般比较稳定，有的班级小团体甚至发展成为跨班级、跨年级乃至跨校级的小团体。如果从其与班级的关系来看，小团体可分为以下几种类型。

积极型

这类小团体赞同班级的建设目标，积极支持和配合班级工作，如兴趣小组。

中间型

这类小团体对整个班级情况并不热衷，当班级活动对他们有利时，能主动投入，反之则不闻不问，但一般也不会与班级利益发生冲突。

破坏型

这类小团体轻则干扰日常教学，影响班级的团结和士气，不利于班级建设，重则对班级的荣誉、教师的权威有破坏力，而文中所谓的拉帮结派就是这种类型。

二、探索原因

那么，拉帮结派的小团体是如何产生的呢？

缺乏社交机会

当今大部分学生因为独生子女或生活在城市等原因，很多学生缺乏与兄弟姐妹的接触，因此他们渴望发展一些比普通朋友更亲的关系，渴望被接纳、被认同，而小团体正好满足了他们的内心需求。

客观环境助力

邻居关系、家庭情况相近、在相同的社团或补习班、担任同种职位等客观环境因素导致彼此之间频繁接触，为其成为一个团体奠定了感情基础，因此需要他们表明立场的时候，学生往往会选择那些熟悉的人群。

主观意识选择

由于兴趣爱好相同、性格接近，需要相似、共同利益等原因，学生经过彼此的选择走到了一起，拥有越来越多共同语言，逐渐形成相对独立的小团体。但是一旦发现对方并不是自己认为的那种人时，青少年对朋友的判断倾向于非黑即白，他们容易很快站到彼此的对立面，与原有团体分离，重新选择新的团体。

误解矛盾激化

有些学生对班级同学或教师产生误解，或遭遇到一些“不公平”待遇，学生对班级原有的归属感和认同感降低，从而使得有相同境遇的学生聚在一起，吐槽抱怨，因而形成对某位同学、团体或教师的排斥，产生小团体，而文中的萱萱和欣怡两位同学形成的两个对立团体就属于这一类。

盲目从众原因

当然，还有些不相关的学生，他们往往认为加入某个团体是一种很有面子的事情，为了获得小团体的接纳，不得不表达自己的观点，被动选择站队，以确保自己有归属感，不被他人孤立，从而在某个团体获得存在感。

大众媒体传播

当今媒体信息行业迅速发展，很多学生非常容易就能接触到网络上传播的一些不健康内容，而在校园生活中无意识地进行了模仿。

三、教师辅导站

班级出现拉帮结派的现象，教师应该怎样做呢？

抓住核心人物

教师应找团体里的核心人物平等交流，逐步建立信任。同时，分析学生行为背后的心理原因，比如，渴望同伴的认同、看重别人的评价、有一定的领导力却无用武之地、学习动力低而无所事事等，并切实找到针对性的解决办法。如果核心人物之间有矛盾的，比如萱萱和欣怡两位同学，教师则需要分别谈话，了解冲突的根源，真正化解矛盾。

瓦解成员，各个击破

教师分别找两边的学生，要有意对学生进行正确的价值观引导，而不是简单的说教，可采用情感疏导、职能转化、改变交往圈等方法加以引导，降低小团体的吸引力。还可以通过表扬、提醒或给出善意的批评，逐渐使其从思想上、行动上远离小团体的负面影响。

组建新的小团体

教师在教学过程中如需分组，通过了解学生进行异质分组，每个组搭配学习与品行好、中、差的学生，可打破原有的小团体，促进新团体的产生。比如，文中两个对立的团队，教师可根据教学需要，对全班同学进行重新分组，打乱原有的老团体，促进新团体的产生。同时，教师还要额外关注特殊学生，如果他的行为不被他人认可时，可能也会遭到排挤，如有发现应该要尽早给予指正。

开展凝聚力活动

班级管理是要形成目标一致的大团体，因此发挥每个学生的特长，尽力为学生创造参与和管理班级的机会，比如“才艺大比拼”“值日班长”“老师小助手”“我是故事大王”“每周一星”等活动，能让学生之间有更多的交往机会，在集体中感受到自己的价值和彼此的支持，体会集体交往的快乐，逐渐把消极团体向积极转化。因此，教师需创设一个安全轻松的氛围，促进学生沟通，澄清误解，并向其传授积极的教育理念，充分发挥学生的组织协调能力，促进班级工作的开展。

寻求家长配合

有些小团体的成立可能与家庭有关，如：遭受家庭暴力、长期被忽视等，因而单纯靠学校教育很难解决学生的根本问题。教师需积极与家长深入沟通，最大程度地理解学生，争取得到家长的支持与配合。

化解拉帮结派的现象，需要教师宏观把控，从小处着眼来帮助每一位学生，与学生共同创造温馨友好的校园生活。

（上海市罗山中学　国家二级心理咨询师　周丹妮）

学生遭遇校园霸凌，教师该如何应对？

李颖（化名）是初一女生，性格内向，额头有着厚厚的刘海。开学没多久，妈妈就被叫到学校，班主任反映：李颖上课时不注意听讲，也不和老师交流，总是用头发盖住眼睛，低着头。老师叫她起来回答问题也常常答不出。同学们除了孤立她，更多的是疏远和笑话她，还有几个同学总是有意无意地招惹她，如悄悄地撤掉她的椅子，把她搭在椅背上的衣服打扮成稻草人的样子，又或者在她书桌抽屉里放入垃圾。

阿哲是初二男生，他非常想和同学交朋友，但他在和别人说话时发现班里大部分男同学交流的是电脑游戏的话题，但自己喜欢看书，并不喜欢玩电脑游戏，而且他喜欢看的书也是大部分同学不感兴趣的，这导致了自己与同学之间没有可以连续、顺畅交谈的共同话题。久而久之，阿哲没有在男同学中交到好朋友，为了维持人际关系，他只和几位女同学说话，这使得部分男同学在私下给他取难听的外号。

一、了解概念

李颖和阿哲都遇到了校园霸凌的问题。“霸凌”是指权力不平等的欺凌与压迫，属攻击行为的一种。校园霸凌，指相同或不同学校学生对学生，于校园内外所发生的霸凌行为，指个人或集体持续以言语、文字、图画、符号、肢体动作、电子通信、网络或其他方式，直接或间接对他人故意以贬低、排挤、欺负、骚扰或戏弄等行为，使他人处于具有敌意或不友善环境，产生精神上、生理上或财产上的损害，或影响正常学习活动的行为。校园霸凌长期存在，常见的包括言语霸凌、关系霸凌、肢体霸凌、网络霸凌。

二、探索原因

霸凌现象由个人和环境中的多种诱发因素相互作用形成。

学生个人因素

本文开始的两个案例中，李颖因个性问题、阿哲因与班里男同学没有共同话题而遭到霸凌，还有一些同学是长期地、习惯性地被霸凌。当儿童、青少年觉得告诉家长后，家长的行为只会让自己在学校更加被霸凌和孤立时，他们便不会与家长说自己的事，甚至觉得告诉教师，教师也只会大事化小、小事化了，说了没用，反而导致霸凌者变本加厉。同时，他们也害怕自己如果采取不当的反击，反而可能造成更严重的后果。这些受害者因为害怕遭到更严重的报复而选择默默承受，导致校园霸凌不易被发现。

环境因素

校园霸凌是因于家庭、显于学校、恶化于社会的问题。部分父母运用惩罚性措施强行控制子女的行为，又利用情感来合理化，他们认为处罚不仅可以树立父母的权威，更是塑造子女行为的有效手段。当子女身心受到伤害时，又以亲情来加以解释，导致未成熟的青少年只能顺从，但是从施暴的父母身上却只学到用攻击来解决问题。

校园生活是团体生活，同学的友谊是校园生活非常重要的部分，由于团体的种种特性，如团体凝聚力与团体认同，领袖的崇拜或命令服从，不同团体间的歧视偏见，都会成为暴力的来源。协助者是霸凌者的跟班，在霸凌者的教唆之下直接参与霸凌行动，共同欺侮受害者。旁观者在霸凌行为发生时，选择冷眼旁观、置身事外。

所以不佳的人际互动，是校园暴力发生的导火线，而良好的校园人际互动，将会减弱来自家庭与社会的不利影响，成为保护性因素。

三、教师辅导站

面对学生遭遇校园霸凌的情况，教师可以做些什么呢？

识别被霸凌的信号

当学生有下列情况发生时，表示学生可能被霸凌，或是有被霸凌的危险。教师必须特别注意学生，宁愿误判也不可让学生被持续霸凌。

1. 学生的衣服、书本等个人物品，有所缺损（撕痕、遗失）。
2. 学生身上有难以解释的伤口（割伤、瘀青）。
3. 学生害怕到学校，或是害怕走路到学校，害怕参加学校活动。
4. 学生上下学的路线变得不合理，或是上下学花更久的时间。
5. 学生常常说自己头痛、胃痛，或其他问题而缺课请假。
6. 学生总是一个人。

防止陷入认知误区

教师是解决霸凌行为的关键人物，除了营造温暖、友善的班级风气，还需反思自己是否陷入了认知偏差。

是霸凌还是冲突？“冲突”对事不对人，“霸凌”对人不对事。如果一个或一群孩子，针对一个孩子反复找茬，具备“针对性”与“反复性”，这种“对人不对事”的行为就属于霸凌，也是霸凌行为与一般性冲突区别的重要标准。比如“孤立排挤”“讽刺挖苦”“恶作剧捉弄”“散布谣言”“社交排斥”也是霸凌行为，不是冲突。

仅干预霸凌者就可以了吗？有些教师认为找到挑事者并与他交谈就可以，只要霸凌者向被欺负者道歉就够了。但是霸凌行为的目击者并没得到关注，霸凌行为当中，他们也间接受害。因此，仅仅干预霸凌者显然不够，我们要针对霸凌事件中不同的三类人群分别进行辅导。

三类人群的辅导

被霸凌者的辅导。被霸凌学生可能因为害怕，说了不起作用反而遭到报复或感觉羞耻等原因，不愿意向他人透露自己的遭遇。教师和家长可以从学生生活状态来判断，例如：学生上学意愿低、上课期间眼神涣散、出现自残行为（如以刀片割手腕）等。

首先，在安全的环境下让其安心地说出心事和在外的遭遇。如引导性提问：当时发生了什么呢？这件事对你的影响是什么？你觉得这件事对你来说最难接受的是什么？你觉得如何处理这个问题才能完全接受？

其次，教导学生以坚决果断的态度来面对。比如：面对言语霸凌应简短应对后忽视；网络霸凌留证据；肢体霸凌尽快离开现场或向大人求救，不要单独活动，要有自己的朋友相助；等等。要注意的是，被霸凌者因为反击而成为霸凌者的角色，归因在于应对霸凌的方式出现了偏差。

霸凌者的辅导。霸凌现象的本质并不是因某件事而起的，而是基于一个孩子对另一个孩子的负面看法。需要搞清这点，若只是就霸凌事件本身去评判对错、实施惩罚，无法解决问题，反而可能让被霸凌者遭遇更强烈的报复。要了解事情起因到底源自哪里、有什么影响，并且最好让霸凌者和被霸凌者自己说出解决方案来。

首先，限制学生接触暴力影像的机会，以减少不良的示范。

其次，需要让学生了解霸凌行为的错误性、不被允许性，甚至是违法的。通过教学、角色扮演等方式让学生意识到自己的行为及处境，同时也积极地教导及示范正向的社会技巧，如接纳、关怀及互相尊重。

最后，很多霸凌者不知如何宣泄愤怒。教师可以和学生单独讨论管理情绪和改变认知，如引导提问：当时发生了什么呢？你在做这件事的时候想的是什么？你知道这件事对这位同学造成的伤害吗？你如何做才能弥补对他造成的影响？也可以建议学校、心理教师为孩子或团体开情绪管理课程。

旁观者的辅导。受霸凌学生的同学最常扮演旁观者的角色，有的学生担心自己成为下一个目标，而不敢上报。有的反应（像是围观或是发出笑声等）更助长了霸凌的进行。然而，旁观者的态度是解决霸凌问题的关键，因此，应培养其共情和正义感，提供学生“可以保护自己的伸张正义方法”。例如霸凌现场寡不敌众时，他不必当下制止，可以事后私下告诉教师。如果担心被视为告密者，可写字条给教师等，教师必须保密并对学生的报信立即做出回应，否则这些报信就会停止，教师也会失去学生的信任。

校园环境调整

塑造安全校园，有效预防校园霸凌。检查校园安全死角，设计学校安全地图，健全安全监视网络系统，减少霸凌事件发生概率；开通反霸凌热线、信箱、邮箱等。提供多种窗口接受霸凌情况上报，及时处理。

开展班会，共同制定反霸凌规则。举办专题反霸凌班会，教师与学生们在班会共同制定班级规则，避免单一学习（只向老师学习，或自我学习），而是采用合作学习法——小组讨论、辩论等，共同收集、制定、加强规则的执行方式和违反规则的处罚方法。

提升教师专业应对能力，掌握霸凌处理原则

保密原则：保护告知者与受害学生，避免二次伤害。

第一时间关怀原则：霸凌发生时，第一时间的处理非常重要，及时处理才能制止霸凌者的伤害行为，姑息只会让霸凌者气焰更嚣张，也会埋下暴力种子。

个别化原则：提供霸凌相关学生个别辅导，积极关怀。

循序渐进原则：建立分级处理机制，出现霸凌事件，最常见的情况是家长第

一时间就找老师“兴师问罪”。教师需要知道什么情况可以在班级内处理，什么情况必须呈报学校，让教育、心理辅导系统介入，逐步构建和谐校园。

家校合作，通过家长的改变助力孩子成长

每一个学生都生活在“家庭系统”之中，很多孩子的暴力行为是向大人“学来”的。有必要邀请父母一起改变。和父母沟通时，教师讲话用语要谨慎。比如，“孩子会这样一定和父母有关，我建议爸妈要先改变”，类似的描述会令当事人不舒服，不如转个弯：“按照我之前的经验，要帮助这样的孩子真的不容易，不过有几个成功的案例，后来父母的改变往往对孩子帮助更大。”

综上所述，帮助教师、同学理解校园霸凌现象，让学生学会应对霸凌的技巧，拥有自己的好朋友，不要独自面对，要学会求助。对被霸凌者、旁观者角色而言，能够在任何一个环节出面反抗或制止，就可以达到减少，直至终止霸凌行为的目的。

（上海市健康医学院　国家二级心理咨询师　祖燕飞）

为什么青春期中学生失恋这么痛？

吴宝隆（化名）是个初中三年级的男生，近期妈妈发现他发微信的时间多了起来，常常关上自己房门和同学聊天，也常常和同学相约到图书馆自习。马上中考了，但是宝隆显然没有把全部精力放在即将到来的考试上。经过观察和悄悄调查，妈妈发现宝隆和班级里的一个女生联系密切。中考前夕，女生提出分手并有意疏远了宝隆，这令宝隆非常痛苦，上课无法专注，以至于不想参加中考。面对青春期少男少女情感问题，教师该怎样正确应对呢？

一、了解概念

中学阶段青少年的失恋

中学阶段的男女生进入青春期，身体上发生变化，性意识觉醒，对异性也从青春期前的疏远期转向接近期，会刻意表现自己，关注对方，以期获得对方的好感，此阶段青少年处在钟情、朦胧的状态，因相互的好感而自然吸引，因双方的交往，加深了解，进一步发展到恋爱期。随着青少年思想的不断成熟，他们慢慢从关注异性的外表或气质，逐步发展到全面评价异性的优缺点，为以后谈情说爱打下基础。恋爱时，悸动欢乐，羞涩不安。失恋时，痛苦失落，更有不稳定的情绪状态。失恋究其原因与个人依恋关系、所处的恢复阶段、应对措施三方面有关。失恋后会经历哪些心路历程呢？

失恋的三个阶段

分手后，失恋的一方必然会出现“反刍”情绪。约翰·鲍比提出分手后须经历过三个阶段，才能完全地与前任脱离依恋关系。

抗议阶段：此阶段不断煎熬于失恋的痛苦，一方面让自己不要再想对方，一方面又痛恨自己或泪流满面，也会不断地反问“为什么我会被甩掉”。

绝望与难过：认识到要回到原来的关系里是不可能的事情了，于是开始慢慢哀悼，放下前一段感情，已经不像刚分手后不断地抗议，想挽回状态，到这个阶段，开始慢慢承认自己不可能回到关系当中了。

重整与脱离：此阶段开始走出阴霾，负伤前行，去面对下一个阶段，重新回到一个人生活状态。

二、探索原因

随着吴宝隆进入到青春期阶段，心理和生理发生了很大变化，希望别人尊重自己，希望与父母享有平等的权利，对于自己的隐私权特别重视，需要家长和教师给予充分的尊重。

亲情、友情、爱情是人类情感发展的三个重要元素，缺乏前两项，就会想从爱情中加倍取回。部分青少年成长中获得的父母支持和理解较少，心理上特别需要被呵护，投入感情的时间和精力、对情感的连结都比较强，依恋关系不稳定的孩子，就更期待在爱情中寻找情感连结。

有滋养、稳固的亲子关系的青少年在接纳感情时，就可以用理性态度去看待。因为青少年的情感被填得满满的，爱情只是其中的一份，他还有其他东西，失去了，也不会是世界末日。健康的家庭和亲子关系，在孩子谈恋爱时更重要。

三、教师辅导站

同理学生的感受

首先要用温和的态度与学生建立起良好的信任关系，其次对学生的失恋的情绪感受尽量尝试感同身受。善用倾听，使学生感到自己的情感是被教师所理解和接纳，而非质疑和排斥的。

引导学生合理宣泄情绪

引导学生倾诉并进行合理的宣泄。比如用诉说、哭泣或写信等方式把对对方和自己的种种情绪都表达出来，以此帮助学生舒缓压抑的情绪，平复心情，让学生感受到教师的心理支持和安慰。

帮助学生改变不合理的想法

澄清导致失恋痛苦的直接原因：导致失恋痛苦的直接原因是对失恋事件所持的信念、看法。如：认为被分手有伤自尊、自信，觉得自己很失败，自己不够好，“再也不会有人爱自己了”等，这些内化的语言不断重复。不合理的信念、看法，让失恋痛苦不断持续，形成“反刍”性思维循环播放。帮助学生澄清原因，有助于他们找到解决问题的关键。

梳理不合理的信念：教师可以与学生共同梳理不合理的信念。如“分手，并不说明你一无是处”“以后的生活中，你觉得还会不会出现你喜欢的人或喜欢你的人”等。通过这些问题帮助学生拓宽看待爱情的视角，降低情绪困扰，减少消极思维和改变认知，让分手变成一种学习和成长。

引导学生汲取“止”与“观”的智慧：“止”，去外面散步，让自己的心安静下来。当重大的负面情绪来袭时，想要不反刍，或是往正面想，其实很困难。尽管很难，仍需要去接触自己的情绪，慢慢地让自己静下来，先不要想着未来会不会复合、自己在感情里做错了什么。去打球、去运动，让自己专注在当下的身体感觉，都会有助于脱困。“观”，一段时间之后，负面情绪没有那么大了，进入“观”中，透过移转或是找寻意义反刍，用不同的角度来看整个恋爱到失恋的过程。

引导学生寻找社会支持

社会支持是人们在遭遇苦难的时候，最能够带给彼此疗愈的良药。要接受自己有一段时间会很孤单，这时，家人、朋友的陪伴就特别重要。被分手的失落感，则出现在一方要分、一方不愿时。想要维系的那方对自我评价比较负面，然后会变成批判对方。家人、朋友必须理解学生失落的心情，引导他正面看待这段关系。教师可成为学生的那个“适时”出现，给其带来“敏感觉察”和“支持”的人，帮助其找到安全感与连结感，也可提醒学生主动找寻合适的倾听者。

开展亲密关系类讲座或相关主题工作坊

学校教师、班主任可以利用班会时间开展关于亲密关系主题的系列活动，如讲座、团体辅导活动、读书会等，与学生一起探讨爱情，引导学生学会“如何爱，何时爱”“怎样在关系中得到成长”“分手向前走”等。

教师帮助学生渡过失恋后的情绪难关，这对学生而言是重要的功课。教师给予学生恰当的引导，让青少年学生不断了解自己，看到自己不足的同时也能够欣赏到自己与他人的优秀面，往前走是走出伤痛的方法，最重要的是在这个过程中逐步找到自己的人生目标和探索生命意义的勇气。

（上海市健康医学院　国家二级心理咨询师　祖燕飞）

学生抱怨学习没意思、生活空虚无聊，是什么问题？

小王是某中学七年级学生，他最近上课时经常无精打采地趴在桌子上或者盯着一个地方发呆走神，不想听课，不愿意主动举手回答问题，被老师提问时要么沉默不语、要么答非所问，作业经常性地不做、不交，学习成绩严重下滑。下课后也很少离开自己的座位，常常一个人趴在座位上不言不语，不跟同学聊天交流。小王的家长也跟老师反馈，小王最近笑容明显减少了很多，很少外出活动，在家大部分时间躲在自己房间里，很少跟家人主动说话，面对家人问话也显得很不耐烦。教师找小王谈话，他说最近经常觉得很累，做什么事情都提不起精神来；感觉学习没意思，没什么动力和激情，不想学习；觉得自己的生活很空虚、很无聊，没有真正想做、觉得有意义的事；和同学没什么共同爱好，没什么交心的朋友，也不想主动去交朋友；越无所事事就越觉得内心空虚，越空虚就越觉得生活无聊，不知道人生该何去何从。教师怎么做才能帮助小王呢？

一、了解概念

小王目前处于一种空虚的心理状态。空虚是指一种内心空洞、百无聊赖、闲散寂寞的消极心态，常常伴随着缺乏目标感、存在感、归属感等情绪体验。在心理学中，空虚感被认为是一种存在于自我和环境之间的不和谐状态，是个体在生命历程中的一种心理反应。不同人群空虚的状态不同，表现出不同的心理和行为。

像小王一样处于青春期的学生，空虚感的表现主要有以下几个方面。

缺乏目标感和动力感

对未来很茫然，对自我发展和未来生活缺少规划，没有远大理想，也没有短期奋斗目标，丧失学习和生活的动力，浑浑噩噩度日。

缺乏自我认同和价值感

对自身认知存在偏差，认为自己是个失败者，常常因为害怕失败而不愿尝试新事物；过分在意他人评价，不自信，常常怀疑自己的能力和价值。

缺乏归属感和社交感

对他人缺少信任感和安全感，不愿意主动社交，觉得自身的存在和周围人没有什么关系。虽然渴望别人理解自己，但是从来不愿意表达自己，内心常常感到孤独。

空虚感是一种常见但又常被忽略的心理现象，它使学生对自己失去信心，对学习、生活失去兴趣，出现焦虑、抑郁等消极情绪，严重了还可能会导致焦虑症、抑郁症等心理疾病的发生。

二、探索原因

小王抱怨学习没意思、生活空虚无聊的原因可能有哪些呢？

个人因素

小王的年龄处于青春期，这一时期心理发展的任务是培养自我同一性。而自我同一性建立的过程是充满迷茫与困惑的，学生们会产生一系列内心冲突，如对现状和未来的迷惘、对生活和自我的困惑等，种种迷惘交织在一起，使学生对自己失去信心，对学习、生活失去兴趣，产生空虚无聊等负面情绪。

对于学生个体而言，性格内向孤僻、不爱交际交流、常常关注事物消极面或遭受意外挫折的学生，更容易产生迷茫的心态；学习内驱力不强的学生，为了家长、教师而学习，自己根本不清楚学习的意义；学习成绩一般或较差的学生，把学习当作是一种苦差事，学习态度消极，也觉得学习没意思；缺乏兴趣爱好、不爱交际、业余生活不够丰富的学生生活模式较为单调，则容易感到内心空虚、生活无聊。

家庭因素

有些家长望子成龙心切，只关注孩子的物质生活与学习成绩，过分看重分数与名次，不考虑孩子的想法感受、学习能力和爱好，使得孩子迁怒于学习，造成对学习的厌烦，觉得学习没意思，丧失学习动力。再者，家庭中缺少温馨的亲子时光，亲子间沟通的话题仅仅围绕学习，就连假期也是给孩子排满各种补习，使得学生的生活单调，缺少对自己生活的掌控感，也难以获得自我认同和价值感。另外，如果家庭环境不和谐、父母关系紧张，也会给孩子带来焦虑和不安，增强青春期学生的迷茫，让学生觉得生活空虚无聊。

学校因素

青少年要面临中考、高考等重要时刻，学业重、压力大，学习成绩差的学生可能会受到家长、教师、同伴的冷落、批评、指责，给学生带来巨大的心理压力，导致学习兴趣降低、学习动力不足。繁重的学业压力让学生感觉生活中除了学习没有其他，来自学习的挫败感又打击了学习积极性，从而表现出无所事事。越无所事事便越觉得内心空虚、生活无聊。

三、教师辅导站

作为教师，我们要用恰当的方法引导小王走出青春期迷茫，缓解空虚感。具体可以从以下几个方面向他提供帮助。

给予理解和支持

教师可以尝试通过谈心了解小王的真实想法与感受，比如高兴的事、忧愁的事，学习中成功的地方、困惑等。了解小王抱怨学习没意思、生活空虚无聊的原因，对他所述的原因和表现出的消极情绪、行为给予理解，同时给予耐心细致的引导，同他一起寻找原因、探讨解决方法。

调动学习内驱力

有理想、有目标，会更有前进的动力。教师可以尝试引导小王树立远大的志向和理想。围绕小王的理想，引导其制订短期可操作、可执行、稍作努力就能实现的目标和计划。引导小王端正对学习的认识，帮助小王认识到自己是学习过程的主人，要提高主动性，探求知识、解决问题，发展自己的能力。

丰富课余生活

学校和教师日常组织丰富的课外活动，鼓励小王积极参与，培养其兴趣，发展其特长，丰富课余生活。学科教学与作业布置方面也可以多采用“探究式”“合作式”，满足学生对周围世界的好奇心和探究欲，促进学生间的同伴交往与合作，提高学生的学习兴趣和积极性，同时丰富学生的生活体验。

增加成功体验

教师可以挖掘小王的特长，创造成功的机会。对其学习上的任何进步，哪怕是很微小的进步，都要给予真诚的鼓励和表扬，适时让其感到成功的喜悦，帮助其树立自尊和自信，接纳自己。在他想要懈怠和放弃的时候，给予积极关注、理解、安慰和鼓励。

发挥家校合力

教师平时要加强与小王家长的联系，同家长多沟通、交流，了解小王在家的生活、学习、亲子关系等情况，一起探讨小王消极情绪产生的具体原因，寻找适合改善小王消极情绪和行为的方法。引导家长尊重孩子的选择，给予孩子一定的“话语权”，创设温馨家庭氛围，丰富亲子活动形式，让孩子切身体会到生活的乐趣，提高孩子的自信心。

青春期是一个充满迷茫与困惑的成长阶段，教师要给予学生充分的包容和理解，并用恰当的方法调动学生的学习内驱力，丰富课余生活，创造成功体验的机会，增加学生的生活乐趣，引导学生顺利度过青春期、迷茫期，缓解空虚感。

（上海市莘光学校　国家二级心理咨询师　姚璐璐）

学生产生沮丧情绪，如何恰当处理？

小方特别在意别人对自己的评价，尤其当别人谈论长相、身高时，小方就会感到自卑。最近几次的测验成绩都不是很理想，父母批评小方心思不在学习上，这让她觉得很委屈，因为自己想参加学校优秀班干部的评选，平时在学校里，她也总是积极地参与各种活动，但在班内竞选的时候没有被选上，这件事困扰了她很久，让她觉得自己在班级里不受欢迎。

在和心理老师沟通的过程中，小方坦言在和别人说话时，自己会很小心翼翼，生怕自己说错话，感到难过的时候也不敢和别人多说，担心会让别人觉得自己烦，觉得自己在班级里没有特别知心的朋友。有时候会对自己的父母有负面的情绪，但觉得这样很不好。以前她总会有一些办法让自己乐观起来，但是由于最近接二连三遇到一些不顺的事情，小方感觉十分沮丧，这样的情绪已经困扰了自己近一个月了。

如果老师们发现自己的学生很长一段时间闷闷不乐，可以怎样帮助他们呢？

一、了解概念

像小方的这样的情况在很多学生身上都很常见，可以称为“情绪低落”，即表现出忧愁，行为上会伴有语调低沉、言语和动作明显减少，学生会自我感觉不良，出现自卑、自责、自信心下降的情况，不愿与外界沟通，甚至出现逃避行为。

对于学生而言，感到压力大、遇到困难、挫折、不如意的事情时，都可能出现悲伤、郁闷的情绪。而像小方这样正值青春期的青少年而言，他们情绪容易波动，体验剧烈，更具有丰富性和细腻性。首先，当学生对自我价值、自身角色有了更深入的思考，对人际关系有了更深入的了解后，情感也会变得更为细腻，对他人言语、行为更为敏感。其次，未成年人的情绪具有爆发性和冲动性的特点，即情感情绪冲破理智的意识控制时，容易出现不满、恐惧、绝望等强烈的情绪。未成年人的情绪存在不稳定性和两极性的特点，即对事物的看法比较片面时，就更容易产生偏激心理，情绪也容易从一个极端转向另一个极端。所以当学生遭遇挫折时，比较容易否定自己。

学生在成长的过程中，他们的生理和心理方面都会发生很大的变化，对于挫折敏感，当出现沮丧情绪时，会表现得对以往感兴趣的事物减少兴趣，不愿与人交往，虽然外显的态度变化还不明显，但如果没有得到妥善的调节，情绪的积累会影响到学生的正常学习生活和健康成长。

二、探索原因

在了解到学生“情绪低落”的现象的同时，教师可以简单了解导致学生出现这种情况的原因。

生理因素

“情绪低落”的机制比较复杂，遗传因素、神经递质紊乱、内分泌失衡等原因都可能是其导致原因。我们可以观察到，青春期学生的情绪更容易起伏，这是由于内分泌系统的发育和体内激素的改变，都会影响个体情绪的波动。随着青春期性发育带来的身体变化，个体会产生了“我长大了”的感觉，这种自我成人感会让人开始尝试独立选择自己喜欢的事情或做一些决定，有时会避开甚至否定别人的建议与帮助。随着青春期阶段个体生理机能的逐渐成熟，特别是大脑高级神经活动水平的提高，青少年的个性特征也进一步发展。然而由于神经活动表现出兴奋过程强而抑制过程弱的不平衡状态，情绪容易激动又难以自制，有时会表现为过度的兴奋、热情，有时则呈现过度的伤感、气愤等。

环境因素

当有些人面临不良的生活事件、较大的环境压力时，也会出现情绪低落的情况。对于学生而言，学校和家庭是他们生活的两个重要环境。

在同伴交往中，学生往往希望得到肯定，随着学生的成长，他们会希望能有一个交流思想和保守秘密的地方，所以他们会选择一两个最要好的朋友，选择标准往往是有共同的兴趣爱好、共同的苦闷和烦恼、性格相近、能够“谈得来”。因此，友谊的相对稳定和持久性，也就是“忠诚”对于学生而言就成为人际交往中很重要的因素。而当学生感觉在同伴交往中出现“不公平”而受挫时，情绪也更容易受到影响。

在家庭环境中，孩子与家长的依恋关系会随着年龄的增长慢慢减弱，与父母的相处也开始发生变化。他们不再对父母的许多观点一味接受，而是通过自我的分析和判断，逐渐形成与父母不同的看法，也更易与父母对自己行为的干涉和控制产生矛盾，因此当学生在家庭环境中得不到支持时，也容易产生情绪低落。

自我发展因素

随着学生成长过程中，自我意识的增强和知识经验的增多，他们对自身的认识也在不断重新审视。情绪也容易影响他们对自我的感受和判断。情绪高涨时，他们会体验到自豪、自负、自满；情绪低落时，他们会体验到自怜、自责、自惭。当生活中的期望值太高，现实难以实现时，长期失落就会出现情绪低落的情况。未成年人往往非常渴望得到他人的正面评价，尤其是亲近的师长、同伴或其他重要他人。积极的评价会令他们产生巨大的满足感和自我认同；反之，则会让他们遭遇极大的挫败感，这种对自尊感的需求非常强烈。因此当遭受打击时，就容易产生自我怀疑，降低自我评价。

三、教师辅导站

对于学生产生了沮丧的情绪，教师应该如何进行恰当的处理呢？

善于倾听，接纳情绪

沮丧情绪相比愤怒和悲伤来得更缓慢，没有那么明显。教师若发现学生出现沮丧情绪，易消沉这种情况，如果对情绪低落这种情况不加以调节，那么可能会导致更加严重的情绪困扰。

教师可以和有沮丧情绪的学生个体进行沟通，倾听他们的烦恼，了解他们产生低落情绪背后的认知，及时帮助他们调整对于事情不合理的认识。学生一般会因为自己能力达不到或者求而不得产生沮丧情绪，教师可以在了解孩子的烦恼后帮助他们做一些解释，并且让孩子明白教师不会因为他们的失败而失望，从而舒缓孩子的情绪。

引导学生进行积极自我评价

学生成长的过程，也是不断认识自我，不断处理各种“危机”的过程，也就是说如果一个人能顺利地度过这个年龄阶段的危机就会有助于自我力量的增强和对环境的适应，反之就会产生困扰。

教师可以通过谈话，从学生对自己的价值、长处、感受到他人对自己的赞赏、重视和喜欢自己的程度等不同方面来了解学生对自己的评价。

当发现学生的自我评价较低，对自己的评价多片面与消极时，教师可以在进行教育时引导学生发现自身特点与优势，培养他们自尊、自爱、自重、自信的人格品质，帮助他们理解负面的评价会束缚自己的成长。提升学生自我效能感，即对自身能否利用所拥有的能力去完成某项任务的自信程度，帮助学生寻找和增加一些成功的体验，多用积极的解释或鼓励，如“加油，我相信自己可以的”“当我……的时候，我觉得我也学会了……”“对于这次的经历，我可以感谢的有……”“我相信下一次，我可以做得更好”这样的一些话，引导学生有一些积极的自我觉察。

构建良好的同伴支持系统

未成年学生有情绪波动较大、自我调节能力有限、较为重视同伴交往等特点，教师在培养学生情绪管理能力的同时，也需要加强班级集体的建设，营造出集体中尊重、友爱、互助的氛围，使学生能够在遭遇情绪困难时，获得来自同伴的关心、帮助与支持。

教师也可以通过创设班级的环境氛围，安排热心的同学担任“天使”同伴，增进同伴在班内的互动，将心理健康教育融入环境，给予学生积极心态的培养。开展丰富有益的活动，让学生在班集体中感到愉快，在宽松的环境中提升愉悦的体验。

总而言之，教师在关注到学生的“情绪低落”时，可以帮助他们探究原因，引导他们合理表达和处理自己的情绪。教师不仅是青少年成长过程中的指引者，也是重要的陪伴者，教师的关怀有时候能够打开学生的心灵窗户，为学生的健康成长铺路搭桥，也会有利于他们健康人格的形成。

（上海市宝山中学　国家二级心理咨询师　李文君）

为什么学生考试前，学习不在状态？

小姜是一名初三女生。一直以来，小姜对自己的学习成绩要求很高，学习积极主动，成绩名列前茅。进入初三以后，情况发生了变化。几次测验，小姜都没能稳定发挥，成绩波动很大。小姜颇为苦恼，她害怕万一没法恢复到以前的状态，将来考不上心仪的学校，可怎么办？于是，小姜压缩了睡眠时间，取消了所有娱乐休闲活动，把百分之百的精力投身学习，可没想到，时间和精力都花了不少，学习成绩不升反降。

父母为了让小姜专心学习，做好一切后勤保障工作，好让小姜全身心投入学习。可每当家长开口问关于学习、成绩的问题，一向性格温和的小姜认为父母是在给她压力，心生烦躁，常常一言不合就和父母吵起来。

一模考试就快到了，小姜复习得越发晚，即使凌晨睡下，也要很久才能勉强入睡，第二天学习精神很差，经常出现打哈欠、注意力不集中的情况。在最近的测验中，小姜发现自己特别紧张，心跳快、手微颤，如果遇到不会的题，大脑就会一片空白，影响自己做其他题目。因此，几次测验成绩都没反映出小姜的真实水平，更离她的心理预期很远。

一、了解概念

小姜的表现是典型的考试焦虑。考试焦虑，是指在一定的应试情境下，受个体认识评价、人格倾向与其他身心因素的制约，而引发的消极的异常心理状态和行为模式。它以担忧和害怕为基本特征，伴有防御和逃避的行为方式，常见的表现有：

1. 情绪激动、担忧、恐慌、烦躁不安，易激惹。

2. 注意力不集中，感受性降低，学习效率下降。

3. 食欲不佳、失眠。

4. 临考或考试时，出现手脚发冷、呼吸急促、心跳加速、肌肉紧张、胃肠道不适、频繁上厕所等情况。

5. 考试时无法回忆复习过的内容，原本会做的题目做不出来，考试结束后又能想起来。

6. 因想回避考试，出现拒学等现象。

7. 考试成绩出来前，总因为担心自己考不好而心事重重。

根据时间段划分，考试焦虑可分为考前焦虑、考中焦虑和考后焦虑。考试焦虑对学生的实际学习能力的发挥有重要影响，中等程度的焦虑对学习有促进作用，过度焦虑则会分散学生的注意力，对学生的成绩产生消极影响，即焦虑程度和学习能力呈现倒“U”形曲线关系。

二、探索原因

内部原因

个性特征：如气质、性格。一般来说，性格不稳定、敏感、自我意识强、自卑感较重的学生更易产生考试焦虑。

认知评价：包括对考试情境的认识程度、对考试重要性的评价和对自己能力的评估。当学生认识到考试结果（包括家长、教师等的反应）会对自己的自尊和自信等产生威胁时，认为自己的能力不足以应对当前的考试时或将自己的成败归因于考试难度或幸运程度，而非自己控制时，更易出现考试焦虑。

成就动机：包括认知内驱力、自我提高内驱力和附属内驱力。如果学生们希望通过得到较好的考试成绩从而得到他人的赞赏或获得荣誉，进入重点学校（即附属内驱力和自我提高内驱力），那一旦考试失败，就会影响学习动机，产生焦虑失望的情绪。此外，动机水平与学生的学习效率相关，二者呈倒“U”形的关系，过高或过低的学习及考试动机都会使学生产生焦虑。

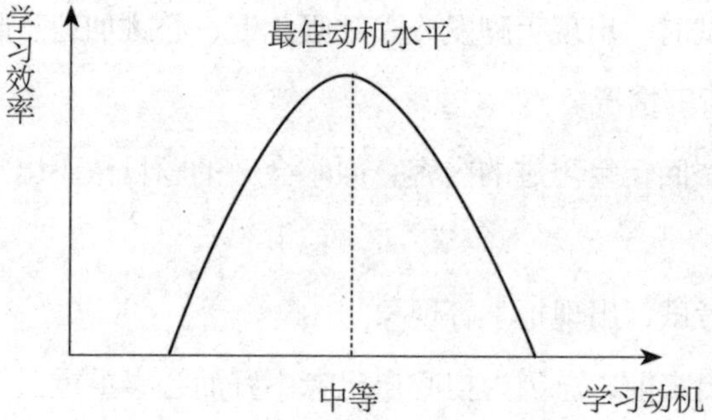

图2　学习效率与学习动机的关系

学习策略和应试技巧：拥有较好学习策略的学生熟知考试题型、答题要点和评分标准，训练充分，在考试中更自信。反之，则更容易在考场上手忙脚乱。

外部原因

学校环境，包括考试频率和教师评价。随着年级的上升，学生的心理弹性未必随之加强，考试频率增加会导致其心理压力过大，不能适应新的学习压力。其次，如果教师过分关注成绩和名次，则会加剧学生心理压力，导致出现焦虑情绪。

家庭环境，即家长的期待和养育方式。当父母对孩子抱有过高期望，只关注结果，不关注过程，缺乏对孩子的正向鼓励；或长期给孩子灌输“读不好书，一辈子就完了”等消极想法，使孩子形成对考试的错误观念。在此情况下，无论成绩好坏，孩子都会产生较大的心理压力。

同伴竞争和社会舆论。在集体中，无法避免学生间明里暗里的比较。另外，社会上有关考试、升学的舆论以及补习机构的宣传等都会让学生不可避免地加剧考试焦虑。

三、教师辅导站

形成正确的认知和期望

教师在日常生活中要注意自己的言行，多肯定、多鼓励，不将考试成绩看作衡量学生的唯一标准。学校可以通过开展形式多样的校园活动，让学生在活动中展现不同领域的才能，丰富自我评价的维度。教师还可以对家长开展家庭教育指导，帮助家长正确估计学生的能力，制定恰当的目标，调整期望水平，共同引导学生理智对待考试，降低考试的功利性。

优化学习动机

教师可以从认知内驱力着手，通过能够吸引学生兴趣的教学方式来唤醒学习动机，因材施教。教师可以通过组织情境教学和探究教学，让学生积极思考，努力探索解决问题的办法，获得成功的体验，激发学生对今后的学习中再次体验的期待。对于自我提高内驱力，教师可以根据学生的实际学习表现，适当表扬和批评，肯定鼓励目标行为的同时，也能让学生聚焦行为，而非简单的结果本身。对于附属内驱力，教师可以注意多维度评价学生，让学生意识到自己可以从多方面得到他人的赏识与肯定。

训练应试技能

教师在教学中要有针对性地训练学生的应试技巧，提升应试信心。在平时多做训练，如在外语考试的听力方面，要训练学生在听力播放前迅速浏览材料，熟悉问题，猜测情境内容，使学生在播放录音时能不慌不忙，减轻焦虑；教授正确的解题技巧和解题顺序，如在做数学应用题时，要认真读题，找出与解题相关的各种条件，运用相关数学公式合理组织各种条件，最后得出结果。

提醒考前准备

在考试前，教师应该提醒学生做好充分的考前准备，具体包括：清淡饮食，多喝白开水；保证充足、规律睡眠；注意保暖和卫生，预防疾病；制订复习计划，保证学习时间，全面复习。

开展考前心理知识普及和考后心理疏导工作

班主任及心理教师在考试前可以组织开展心理知识讲座或团体辅导，让学生明白考试焦虑或紧张是正常现象。教师也可以教授学生一些缓解焦虑的方法，如生理放松法、心理放松法和自我暗示法等。

考试后，班主任及任课教师还要引导学生对考试进行分析和总结，对自己的学习结果进行正确的归因分析，正视考试的成功与失败。

（华东师范大学第四附属中学　国家二级心理咨询师　张薇）

学生为何接受不了自己的考试成绩？

小夏，某学校初一学生。小夏在班里学习一直都是成绩优异，名列前茅，她平时学习认真刻苦，连下课时间都用来写作业。家长对她期待也很高，希望她能够考上重点高中。

但是，小夏在最近的一次期中考试中，成绩有所下滑，自己很不满意。据班主任反馈，小夏最近这几天上课大部分时间都趴在桌上，没有什么精神。当班主任询问她原因时，她想不通为什么她这么认真，考试结果还是这个样子，说学习没什么意思，不知道学习是为了什么。小夏整个人一下子变得迷茫和焦虑，甚至出现了不想来学校的念头……那作为教师，该怎么帮助她呢？

一、了解概念

小夏同学遇到的烦恼在平时教育教学中并不少见。她目前这种状态可能是由于目标过高，导致现实分数与预期目标不符而出现的心理偏差。一般来说，目标本身对人可以起到激励作用，比如使人集中精力，激发人的努力，增加持久性，等等。但是，过高的目标会导致过大的压力。而当目标过高，自身一时很难达到时，不仅会给人带来挫败感，也会让人的情绪变得消极，出现焦虑和回避的情绪。

二、探索原因

一般来说，当考试分数知晓后，学生出现接受不了自己考试成绩的现象，可能主要有以下几方面原因。

自身因素

对自我期待过高。每个人对自我都会有一个评价。当一个人的自我概念中包含着自己有很强的学习能力，然而学习成绩未能反映出自己较强的能力时，个体就会出现消极的自我评价，而这会导致个体出现逃避动机，对待学习出现逃避的现象，比如上课不愿意听讲，不愿意学习，等等。小夏同学就是对自身设定的目标过高而达不到，因此出现了心理偏差。

缺乏有效的学习方法。良好的学习方法不仅包括预习、复习、总结等，还包括时间管理以及对自身学习的监控调节。小夏同学看似将所有时间都用在了学习上，但学习成绩却不理想，这很有可能是由于小夏的学习方法出现了问题，导致学习效率不高，出现“事倍功半”的结果。

自我情绪调节欠佳。每个人都有可能在学习生活中遇到一些不开心的事情。当出现情绪波动较大，比如焦虑、伤心和生气等情况时，可以采用适合自己的方法来宣泄情绪或者转移注意力。当小夏考试失利导致情绪不佳时，直接选择“躺倒不干”，上课睡觉，甚至出现厌学情绪，这些都可能是因为小夏自身缺乏应对不良情绪的好的方法，被情绪牵着鼻子走，没有成为自己情绪的主人。

外界因素

家庭因素：家长对孩子的影响很大。家长对孩子学习的高要求，紧张的亲子关系，给孩子灌输错误的认知，比如成绩决定了自我价值，等等，无形中都会给孩子施加压力。家长关爱孩子，但是却没考虑到孩子的承受能力和情绪状态，在这则案例中当小夏没考好时家长没多跟小夏沟通，也可能导致小夏学习动力降低，甚至出现不想来学校的念头。

学业因素：学校的学业压力过大，教师期望过高也有可能是部分原因。另外同伴竞争过大，发现自己成绩不如同学，从而接受不了，这也很有可能是一个重要原因。

三、教师辅导站

对于这种对自我要求过高，焦虑情绪较高的学生，可以有如下几种处理方式。

帮助查明原因，合理归因

对于这类学生，教师要帮助学生认识到，考试成绩固然很重要，但比成绩更重要的是对成绩背后所暴露的问题的解决。教师可以帮助他们查出学习失利的原因，找找学习方法和策略上的漏洞，比如看下作业和试卷，哪些地方错得比较多，是知识掌握得不够全面，还是因为粗心犯错，等等，对症下药，指导其运用科学的学习方法进行学习，帮助他们重新树立信心。

同时，要注意引导学生对考试结果进行合理归因，强化以积极、正向的心态看待考试的过程和考试的结果。一般情况下，我们都要首先从自己内部找原因，激发自我责任感，但也不要一味自责。要尽量找自己可以改变的原因，不要过多归因于不可改变的原因。这样的归因方式才能持续的激发我们后续学习和努力的动力，让我们以更好的状态迎接接下来的学习和生活。

心理放松训练

对于那些对自己要求较高的学生来说，帮助他们减轻考前和考后的焦虑情绪也很重要。一般来说，我们可以推荐以下方法来调整心态。

深呼吸法。深呼吸是调整情绪的一种简便易行的方法。具体操作如下：做几次缓慢的深呼吸，一只手放在肚子上，用鼻子慢慢吸气，用嘴巴慢慢呼气，感受你的胃部随着呼吸的起伏，想象你的肚子随着吸气时鼓起来，呼气时瘪下去。要经常训练深呼吸的操作方法，在考试使用时才会得心应手。

放松训练法。这是一种利用语言暗示进行放松的方法，按一定的练习程序，学习有意识地控制或调节自身的心理、生理活动，以达到降低机体唤醒水平，调整那些因紧张刺激而紊乱的功能。

寻求专业帮助。当然，如果有学生出现了考试焦虑或者情绪焦虑等问题，也可以及时求助，找专业人士帮忙。

调整目标，调整认知

教师通过观察和沟通，如果发现像小夏这类学生，他们的预期大于实际学习水平和能力，就需要通过深入沟通，让他们意识到自己所定的目标超出了自己的实际，并帮助他们及时调整自己的学习目标，从而再次鼓起他们学习的勇气。一般来说，中等难度的或者略高于现有水平但是努力以后可以达成的目标最好。

需要注意的是，在帮助学生树立目标后，要帮助学生意识到目标确立后还是可以根据自己的实际情况进行动态调整的，防止目标设置出现偏差。

教师要正确处理学生成绩和成长的关系

在考前，教师要帮助学生正确认识压力。引导学生客观看待考试的评价功能，考试是对之前所学知识的一次检测。同时，告诉学生一般人在自己认为重要的事情面前都会感受到压力，我们要做的第一件事就是接受“压力”这件事本身。除此之外，教师要发现每一个学生的优点和特长，不以成绩评价学生好坏，肯定每一个学生的价值，营造温馨、和谐、安全、接纳的班级氛围。

教师要引导家长客观看待考试

首先，教师要引导家长以正确的心态看待学生的考试成绩，不把自己的失望情绪投射到孩子身上。其次，教师要引导家长，比起学习成绩，家长更应该关注孩子的学习过程，不可过分看重结果，应该关注孩子在学习中遇到的困难和努力，帮助学生树立正确的学习态度。最后，教师要引导家长注意营造一种和谐、温馨的家庭氛围，当孩子因为考试成绩出现情绪不佳时，家长要适时沟通，及时疏导，帮助学生认识到问题所在，重拾信心。

考试，对于学生来说是家常便饭。面对考试，很多学生或多或少都会感到有压力。适当的压力有助于激发学习动力，但压力过大不仅影响学习效率，还会导致情绪困扰和躯体不适。当学生出现无法接受自己成绩的时候，作为教师不仅要帮助学生从不良情绪中走出来，更重要的是挖掘和看到学生向上的内在生命力，比如对自我的要求、对成绩的期待等，强化这些力量，帮助他们自我成长。

（上海市南洋初级中学　国家二级心理咨询师　赵倩）

学生因考试焦虑而逃避，这是怎么了？

临近期末，王老师特别辛苦，一方面她要见缝插针，挤出时间给学生补英语；另一方面，作为班主任她还要时刻关心学生的复习迎考状态。这不，经过连续一周的观察，王老师发现小文的学习状态越来越不对劲，先是连续迟到，接着上课时总是恍惚走神，再后来当自己讲解模拟试卷时，王老师发现小文握笔写字的手都好像在发抖。王老师非常担心，便把小文带到办公室询问，这才得知小文的困扰。

原来小文最近非常努力，很想期末能考一个好成绩，但是越临近倒计时的末尾，她就越害怕：万一考砸了，不仅对不起老师的谆谆教诲，还可能被同学笑话，说不定还会挨爸妈骂，甚至以后都考不了大学，没有工作，怎么办呢？就这样，小文越想抓紧时间复习，注意力就越难集中，慢慢地只要听到“考试”二字小文就会莫名地担心和紧张，心跳加速，手也会发抖，晚上有时还失眠。小文告诉王老师，她恨不得自己大“病”一场，“病”得不能参加考试，这样，她就可以为自己的考试结果找到合理的借口了。

一、了解概念

小文因考试压力而引发过度的紧张和恐惧，这其实是考试焦虑的常见表现。

考试焦虑是人由于面临考试而产生的一种特定的心理反应，它是在应试情境刺激下，受个人的认识能力、人格倾向等身心因素影响，以担忧为基本特征，以防御或逃避行为应对，通过不同程度的情绪和生理反应所表现出来的一种心理状态。

并非所有的焦虑对学习都是有害的。焦虑是一种复合性心理状态，包括焦虑反应、过度焦虑和焦虑症等三个由轻到重的层次。大部分学生在临考前都有一定程度的紧张或焦虑，这属于焦虑反应，是正常现象。适度焦虑可以维持学生的兴奋性，增强学习的积极性和自觉性，提高注意力和反应速度等，也就是说，在考试及其准备过程中，维持一定程度的紧张是有必要的。当然，如果焦虑反应导致学生的学习能力和社会功能受损，并伴有躯体不适时，我们是要干预的，例如案例中的小文。

根据考试焦虑的表现形式，可将其分为认知、情绪和生理三类反应型。认知反应型考试焦虑的学生对考试的意义存在错误认识，认为考试成绩等同于学习能力。情绪反应型考试焦虑的学生关注的是对“要考试”的过分害怕和担忧，不会往“怎么办”上去思考。生理反应型考试焦虑的学生表现较为复杂，当提到考试或面临考试时他们不但会有躯体上的不适，还会伴随情绪的紧张易怒等，也会出现认知偏差。

二、探索原因

学生考试焦虑是由个体因素和环境因素相互作用的结果。

个体生理上

1. 考前学习或应试方法的不正确，导致过度疲劳，进而出现头晕心慌、不思饮食、睡眠不良等情况。

2. 学生个体神经特点不一，神经类型强而不稳定的学生，容易出现情绪波动，考试焦虑的水平可能高一些；神经类型强而平衡的学生，产生的焦虑水平则较低；神经类型弱而不稳定的学生，对各种影响因素的敏感性均高，情绪体验深刻，也容易产生较高水平的考试焦虑，且不易消除。

个体心理上

考试动机。考试动机和考试成绩呈倒“U”形曲线，即当动机水平处于中间值时，可以激发学生的激情和干劲，学习的效率最高，有利于考试。但动机过强，容易使学生产生对考试结果的过分在意和担忧，反而不利于其专心学习。

自尊水平。考试焦虑与自尊之间存在显著的负相关，即自尊水平较高的学生，自我评价较为积极，自信心和自我价值感也较强，容易采取正向的应对方式；而自尊水平较低的学生往往过于在意教师、同学和家长的评价，无形中赋予考试成绩更多的释义。

元担忧。元担忧是对担忧本身的担忧，这其实是考试焦虑的一种恶性循环。例如很多学生经历了一次考试失败后，形成了对考试失败的担忧，久而久之，考试失败还未发生，他却总体验着对考试失败担忧的担忧，这就是一种元担忧。

社会比较倾向。学生的考试焦虑与其社会比较倾向之间存在显著正相关，也就是说，学生越喜欢比较成绩，考试焦虑水平越高，反之，考试焦虑水平则越低。如果学生频繁地将自己与他人的成绩进行比较，那么往往是因为他们对自己的学习能力认识不清晰，自信心不足，自我价值感缺乏，所以需要通过比较来获得自信和提升成就感，故他们很在意比较结果，在意他人对自己成绩的评价，而且整个比较的过程和结果都会影响这些学生的情绪。

三、教师辅导站

遇到这样的学生，我们可以怎么做呢？

引导学生形成正确的考试观

我们可以引导学生客观、理性地看待考试和考试焦虑。考试是对所学知识掌握和运用情况的测试，它只是学习评价的一种方式，成绩的高低并不等于能力的强弱，更不可能是“一考定终身”。面对考试，学生都希望能取得好成绩，但是

“希望”并不意味着“必须”，当压力过大时，反而会影响复习与学习效率。案例中小文就是过于夸大考试的意义，以致让自己陷入“糟糕至极”的体验中。

帮助学生掌握系统的学习方法

很多学生出现考试焦虑的原因之一在于学习上不得要领，听不懂，考不好，所以我们可以根据所授学科特点，教学生一些实用的学习方法，并根据每个学生的学习特点给予指导，帮助学生改善学习效果，这样他们的考试焦虑也会缓解。

另外，复习也是有策略的，我们要教会学生合理安排复习时间，遵循记忆“先快后慢”的特点，即先复习的知识会先忘记，后复习的知识会更慢忘记，因此，复习内容应是交替式的，今天复习了，隔两天就要重新复习，而不是等一轮复习完了再开始下一轮的复习。

帮助学生形成积极的心理暗示和科学的放松方法

自我暗示很重要，小文就是总想着“考砸了”，长期在这样的消极暗示下学习状态出现下滑，所以我们要发挥心理暗示这把“双刃剑”的积极作用。当学生出现考试焦虑时，不妨告诉他“你可以”“你紧张，别人也一样”等，让学生尽快从“焦虑”状态中解脱出来。

同时，我们也可以教授学生简单的放松身心的方法，如深呼吸、听音乐、冥想等。其中深呼吸法即一呼一吸，先深深地吸一口气，再慢慢地呼出，将呼吸放得很慢很慢，感觉要把肺底的空气呼出来。此时，肩膀、胸、腹部和腿都感到轻松舒适。一般做深呼吸10次左右就能平息不安的情绪。在冥想引导语中，我们也可以加入一些正面引导，如“我是专注的”“我有能力在挫折中前进”“我能够承担一定的压力，也知道如何释放压力”“我能全力以赴，也能一笑释怀”等。

耐心倾听，真心陪伴，用心鼓励

对于考试焦虑的学生，我们主动沟通，引导其敞开心扉，注意这时我们更多的是倾听，让学生的压力释放出来。多一些理解，少一分苛责，做学生坚强的后盾，让学生明白，不论考试结果如何，他都是我们眼中独一无二的学生。

另外，我们要用心挖掘学生的优点并给予强化，让学生有积极的情绪体验。比如，和学生一起找出学科特长，鼓励他考好自己擅长的，考出自己的水平，等等。多用共情鼓励和正向强化。

教会学生理性应对，懂得求助

当学生的焦虑超过我们的能力控制范围时，我们一方面要学会利用学校的心理健康教育资源，及时转介；另一方面，要向学生提供专业的心理辅导资源，鼓励他们主动寻求帮助，必要时进行家校沟通，和家长一起帮助学生。

考试焦虑是学生常见的一种心理现象，作为教师，我们不仅要客观、全面地认识到它是一把“双刃剑”，更要善用、会用、巧用它。

（上海市普陀区教育学院　心理教研员　田守花）

为什么学生不肯上学？

依依是一名初一的女生，在校成绩属于中下水平。和同学关系一般，课堂上能遵守纪律。上学期，依依大部分时间能来学校，但有时早上因头疼而没去学校；在校时有过几次肚子疼请假回家。家长说："回家后，没有发现她身体有不适。"

这学期一开始，依依明确对家长说："我不想上学。"妈妈跟她说学习的重要性，教师也告诉她："学习方面，不要担心。只要你慢慢跟上，就没问题。我们都会帮你。"依依说自己知道学习的重要，但自己还是想待在家。刚开始她在家还看看书，做做题；但现在白天蒙头大睡，晚上上网，睡觉也越来越晚，书本也已经很久没有翻阅了。

班主任也和依依进行了沟通，询问她不想上学的原因。依依说："没有什么原因，就是早上起床的时候，不想上学。晚上睡觉前其实还是愿意去的。"家长和教师都很担心她，这样下去不仅对学业有影响，对自己的身体健康也有很大的影响。

一、了解概念

依依的情况是典型的"拒绝上学"，简称拒学。拒学指的是儿童、青少年由于情绪障碍，特别是焦虑、恐惧和抑郁导致上学发生困难，并出现回避上学的一种心理疾病。

拒学表现是学生在学校注册期间应当上学，却间歇性不上学的行为。他们拒绝去学校或害怕离开家，但不明显地表现出害怕。初期以躯体表现为主，去学校前或在学校上课时表现出头痛、胃痛、心悸等，一旦在家或遇节假日，症状消失。后期躯体症状可完全消失。若强迫孩子去学校，常出现哭闹、身体抵抗，甚至会暴怒或攻击。拒学学生常伴有焦虑、情绪低落和抑郁倾向。

随着社会发展与进步，儿童、青少年拒学问题越来越受关注。这一问题会给儿童、青少年带来一些短期和长期的影响。短期的影响包括他们的学习成绩下降、人际关系不良等；长期的影响包括他们会中断学业，不能顺利地升学，不能独立地生活，导致某些社会功能损害，甚至产生犯罪行为，等等。同时，也会增加他们以后罹患精神疾病的危险性。因此，需要对他们及时地进行干预。

二、探索原因

目前为止，拒学的病因和发病机制仍不明确，通常认为与个人、家庭、学校和其他因素等密切相关。

个人因素

个性特征：拒学行为多发生在性格胆小的儿童、青少年身上。他们有的固执任性、追求完美等，遭受学业失败或人际危机时，会因怕再度遭受失败而拒绝上学。

心理因素：拒学的学生可能存在焦虑、抑郁、强迫、社交恐惧症等心理问题。其中因分离焦虑引起的较多，他们担心自己离开后，父母或自己会发生意外事故，故不愿离开父母，拒绝去上学。

家庭因素

家庭结构：父母的离异、父亲或母亲缺失、家庭的重组等可能会使孩子成长面临更多的困境。

亲子关系：父母过度保护导致孩子独立性差，面对挫折和压力时，表现退缩和回避；父母过于严厉，缺乏肯定，容易导致孩子产生不良情绪和行为，从而拒绝上学。孩子出现拒学行为时，父母多表现出过分焦虑、抑郁，对该行为予以过度关注，有的甚至打骂、恐吓、强迫孩子上学，最终加重孩子心理负担。平时缺乏有效沟通，亲子关系不健康，也会增加拒学行为产生的可能性。

夫妻关系：父母关系不稳定、经常吵架等给孩子带来不安全感，从而造成学生产生负面情绪，诱发拒学行为。

其他因素：孩子在家庭中的出生顺序、经济地位、居住地，以及亲人突发疾病、离开或是死亡，还有新成员加入、搬迁等，也与拒绝上学行为的发生、发展密切相关。

学校因素

学业压力、与教师和同学关系的恶化等原因可能导致拒学行为的发生。如转学后，没有交到朋友，感到孤独；学习困难，教师期望过高，自我要求过高；遭同学嘲笑、校园暴力，与教师发生冲突；等等。

其他因素

每学期开学是拒学发生的高峰期，如3、4、9、10月份，而寒暑假为低谷。学生由于缺乏良好的社会支持系统，自身缺乏应对能力。

社会环境因素对拒学的发生也有一定影响。经济高速发展，激烈的升学竞争，使学生承受巨大的学习压力而长期处于情绪紧张状态。

三、教师辅导站

作为教师，遇到这类问题可以尝试以下做法。

学生发生拒学情形时

与学生及时沟通。不对学生的拒学行为进行直接批评，可以通过与学生喜欢的某位教师或同学进行沟通，了解他遇到的困难或心结。拒学行为往往是“果”，找到“因”才能解决问题。

与家长及时沟通。建议家长带孩子去正规心理治疗机构就诊，并遵医嘱。

对家长做一些家庭教育指导。以下方面供参考。

1. 如果学生无法来校，应制定居家任务，安排好作息并执行，父母做督促。

2. 父母对孩子拒学的处理要达成一致意见，千万不可互相指责。思考父母自身的问题（包括夫妻关系）、教育孩子的矛盾及偏差、焦虑情绪。

3. 父母做好自我调整，形成良好有效沟通模式，减少相互争吵、埋怨。

4. 给予孩子更多安慰、鼓励等，不再威胁、打骂、恐吓、说教孩子。

5. 多带孩子参加群体性活动，增强社会认知和技能。

6. 调整对孩子教育方面的要求，减少不必要的补习课程，给予孩子适当要求和一定空间。

7. 给予孩子自行选择的权利。让孩子有充分合理的选择权，他才会养成对自己负责的习惯。

8. 鼓励孩子表达他们的感受、想法以及心理应对的策略。

9. 根据孩子的兴趣爱好，每周带孩子走出家门去做做孩子喜欢的事情。

10. 对上学提供正强化。孩子去学校时，提供他正强化，如带他看喜欢的电影、买书等；减少在家里的正强化，如在家就不能去电影院。即使一开始只能去学校半天，也是值得鼓励的。

与学校心理教师联系。可让心理教师对学生做心理辅导，如倾听、关注情绪、树立积极的规划意识等。

学生复学期间

制定班级的支持性方案。教师可建议同学们理解、帮助复学同学；各科教师利用正强化，帮助学生改善成绩、人际关系以及情绪等。

鼓励学生多参加学校各类活动。

学习与了解有关拒学学生的性格特点等。根据复学情况，可在作业量、作业难度等方面，酌情做调整，帮助学生逐渐过渡。

积极关心学生的生活和情绪。

帮助学生看到自己的优势。

主动与心理教师联系。在征得学生同意的前提下，与心理教师定期进行心理辅导。教师对复学同学应做好充分准备。学校心理辅导教师应及时给予帮助。

拒学的治疗需要一段时间，这个过程需要学生、家庭、学校多方面的配合。除了药物外，个人应对能力的提升、家庭和学校环境的调整对学生重新回到学校也很重要。

（上海市杨园中学　国家二级心理咨询师　凌晓霞）

为什么学生会沉迷于网络游戏？

小张是某中学初二学生，新学期开学后，李老师发现小张同学上课总是心不在焉，作业也不能按时完成，除了和同学们讨论游戏时显得神采奕奕，对于其他班级活动都是冷漠对待。针对这个情况，李老师和小张谈了一次心，发现小张假期迷上了网络游戏，导致开学后不能适应正常的学习生活。小张说："不玩网络游戏我干什么呢？而且同学们都在玩，我不玩我就落伍了。"李老师和小张约定，每天写完作业就玩15～20分钟，小张答应了。

可是，没过几天，妈妈就告诉老师："小张坚持了两天，后来就坚持不住了，说是玩15分钟，每次都要耍赖，有时候要玩一两个小时才肯罢休。经常晚上玩到十一二点才睡，白天上课也精神不佳，还会趁爷爷奶奶不注意偷偷玩手机。如果没收手机，小张就大吵大闹，以不上学相要挟。"家长好言相劝，效果甚微。李老师十分苦恼，不知道还能通过什么办法帮助小张脱离网络游戏的"魔爪"呢？

一、了解概念

《精神障碍诊疗规范（2020年版）》中认为，游戏障碍是指一种持续或反复地使用电子或视频游戏的行为模式，临床特征主要表现为游戏行为失控，游戏成为生活中的优先行为，不顾后果继续游戏行为，并持续较长时间。

教师可通过下面的表格对学生是否形成游戏障碍进行初步评估。如果个体出现上述游戏行为达到5条并持续至少12个月，可初步判断为游戏障碍。

表3 游戏障碍初步评估表

行为表现	符合请打“√”
1. 花大量时间想着游戏，即使在没玩的时候仍在计划什么时候能再玩。	
2. 当不能玩和尝试去减少或停止游戏时，感到不安、暴躁、易怒、生气、焦虑或悲伤。	
3. 为了达到与过去同样的兴奋度，感到需要增加玩游戏的时间、玩更刺激的游戏或使用更强的游戏装备。	
4. 觉得应该少玩游戏，但是未能减少花在玩游戏上的时间。	
5. 因为游戏，对其他事物丧失了兴趣或减少了其他娱乐活动（爱好、会见朋友）的参与度。	
6. 即使知道负面后果（比如没有得到足够的睡眠、上课迟到、花太多钱、同他人争吵或忽视了重要的职责），仍会继续玩游戏。	
7. 会向家人、朋友谎报玩游戏的时间，或尽力不让家人、朋友知道玩游戏的时间。	
8. 用玩游戏来逃避和忘记个人问题或缓解不舒服的感受，比如内疚、焦虑、无助或沮丧等。	
9. 因为游戏严重影响了学习、生活，威胁到或失去了重要关系。	

小张虽长时间沉溺于网络游戏且无法自我控制，并且影响到日常学习生活和亲子关系，但其持续时间仅仅两月有余，还未达到游戏障碍病程标准，初步判断为一般游戏成瘾。

二、探索原因

青少年沉迷于网络游戏，既有个体生理和心理发展原因，也有家庭教育和社会诱因。

神经中枢生理因素

青少年长时间使用网络进行游戏或交友，会使大脑多巴胺水平升高，神经中枢持续处于高度兴奋状态，并引起肾上腺素水平增高，交感神经过度兴奋，血压升高，植物神经功能紊乱，长此以往，会引起不同程度的生理和心理依赖，并在上网后得到缓解。

心理发展因素

从学生的心理发展来看，如果学生在现实生活中找不到存在感和价值感，缺少他人的关注和支持，就会沉浸在精心构筑的幻想世界；一些内向、孤独、缺乏自信心、社交能力差的学生，也会倾向于从网络中找到心灵的归属或释放真实的情感；还有的学生，在现实生活中遭遇了挫折，就会逃避到网络虚拟的美好世界中抚慰心灵。

家庭教育因素

有的家长缺乏正确教育子女的知识，发现孩子网瘾后急躁冒失，狂骂狂揍，殊不知，越打孩子心里越失落，于是越往网吧跑；有的父母忙于工作忽略了和子女的情感沟通，但是由于望子成龙心切，只关心督促孩子的学习，而不了解孩子的心理需求和变化，导致孩子寻求网上的“关怀与安逸”；还有的特殊家庭，争吵不断，再婚组合、单亲家庭等，在这些家庭中的孩子也会因为缺少关爱而容易受到网络的诱惑。

社会诱导因素

随着信息技术的迅速发展和信息量的爆炸，面对网上的海量诱惑，青少年如果得不到正确引导，就会被不健康的内容影响；网络本身的匿名性、便利性和逃避现实性，可以让青少年在网络中隐藏身份，畅所欲言，也可以足不出户地满足获取信息、交友、娱乐等需求。

三、教师辅导站

面对学生沉迷于网络的情况，教师可在初步评估后结合转介诊断判断学生属于一般游戏成瘾还是游戏障碍，再根据情况开展针对性辅导。

一般游戏成瘾的干预对策

通过主题班会给予学生表达需求的机会。教师可以利用主题班会或谈心的机会给学生们一个表达需求的机会。让学生们介绍自己喜欢玩的游戏，喜欢的点有哪些？满足了自己哪些需求？自己从中获得了什么？无论孩子如何表达，都不要急着否定或说教，而是以接纳的态度表达理解，并在此基础上和学生探讨“还可以通过哪些游戏外的方式来满足这些需求呢”，让学生在自己探讨的过程中找到更适合的方式。

设置游戏型学习机制增强学习兴趣与动机。教师可以在班级管理和授课时把形式设计成游戏闯关的模式，学生付出一点努力也可获得成绩，一点一点解锁任务难度，让学生像玩游戏一样学习，先培养起学生的学习兴趣和自信心是最重要的。学生每完成一定学业任务，也可以获得一定物质或精神奖励。教师可以采用“幸运转盘”“抽签抓阄”“抽取盲盒”等形式，增加奖励不确定性带来的新鲜感，进一步激励学生把注意力投入到现实学习和校园生活中来。

利用网络使用记录单传授孩子时间管理术。教师可以与学生共同商定玩电脑或游戏的时间、条件、奖惩等，并且一定要将约定可视化地制作成网络使用记录单（如表4所示）。学生通过每天记录，逐渐减少网络使用时间。此外，教师可以在网络使用单上加入每日安排表，把上网外的重要事件列出，逐次完成并记录。每个小目标实现后给予一定物质或精神奖励。

表4　网络使用记录单

时间	完成任务	计划游戏时间	实际游戏时间	非游戏奖励	是否按计划使用（若否则反思原因）
第1周	如：完成所有作业	50分钟			
第2周	……	45分钟			
第3周	……	40分钟			
……					

当学生实际游戏时间和计划游戏时间一致时，给予除游戏以外的奖励，如不能按计划时间游戏，则反思原因并进行行为矫正。当学生能稳定按计划控制游戏时间时，下一阶段则逐步减少计划游戏时间，帮助学生一步步将注意力从游戏中转移到现实学业生活中。

组织丰富多彩的第二课堂活动。教师可以利用“双减”政策下的课后延时服务时间组织丰富多彩的第二课堂活动。比如，联系学科特点的课外活动或社会实践，既能满足学生需要，印证所学知识，又能大大激发他们的学习动机。又如，指导学生阅读有益的书籍，陪伴学生一起阅读、共同分享、互相推荐，身体力行的榜样示范对学生更有说服力。此外，教师还可以通过快乐而有意义的行为训练来转移学生的注意力，比如和学生一起跑步、散步、大扫除等，这些都可以把学生的生活从网络拉回现实。

鼓励和赞美你的学生。教师在教育学生时要保持一颗平常心，接纳学生的不足，经常和学生沟通，及时反馈并鼓励他们的微小进步，认可他们的努力而不是仅仅关注他们的成绩。对青少年来说，欣赏与赞美是必要的，教师可以与孩子谈心，畅聊上网以外的成功时刻与喜悦，挖掘并赞美与上网无关的优点，让他们找回真实的自我。

多与家长沟通取得家庭协助与支持。对一个孩子的成长来说，影响最大的就是家庭了。家庭和谐美满，孩子就会有更多的精力放在学习和自我成长上；如果家庭天天“战火不断”，孩子自然会问题多多。所以，教师在和家长沟通过程中，要引导家长保持家庭的和睦。此外，教师还需要家长协助加强对学生网络使用的监管，保证孩子绿色上网，不浏览不健康网站，同时在生活中给予更多的关心和陪伴。

游戏障碍的干预对策

寻求专业资源的帮助。作为教师，如果经过多番尝试，仍然觉得面对学生沉迷网络游戏束手无策，可以通过寻求专业资源帮助的形式获得针对性教育指导。教师可以寻求区、校两级心理健康辅导中心的专业帮助；针对较严重的达到游戏障碍的个案，则需要转介给医疗机构。

配合医生开展在校心理辅导。对于达到游戏障碍的学生，教师要引导家长形成正确认知，和家长共同向医生详细提供学生在校、在家的信息资料，并积极配合医生开展学生返校、返家后的认知行为辅导，家校医协作促进游戏障碍长期康复的有效性。

总而言之，当前中学生的行为问题成因错综复杂，解决问题的途径也多种多样，相互渗透。只有家校医相互配合，多管齐下，才能达到最佳效果。而我们教师想要帮助学生，归根结底还需要真正了解学生的内心需求，多制造一些平等沟通的机会，因为真正的改变需要从了解开始。

（上海大学附属嘉定留云中学　国家二级心理咨询师　殷婷）

高中阶段

行为篇

如何帮助公开发言时会大脑一片空白的学生？

学生为何扬言要自杀？

为什么学生喜欢花钱打赏网络主播？

生活篇

学生过度节食，是怎么了？

为什么有男生屡次偷拿女生内衣？

关系篇

教师怎样对待中学生的性行为？

为什么很多高中生不愿意跟家长沟通？

学生的家庭矛盾冲突严重，教师该如何帮助？

为什么学生会对教师表达爱慕之情？

情绪篇

为什么学生在课堂上突然情绪崩溃？

为什么学生难以承受挫折？

学习篇

为什么学生有着诸多“不切实际”的职业梦想？

如何帮助公开发言时会大脑一片空白的学生？

小林是个非常认真的孩子，不过性格相对内向。每次当众发言时，她总容易结巴，脸涨得通红。小林最害怕的就是演讲作业，其实她总会认真地准备好演讲稿和PPT，但当发言时，她就只能小声地埋头读稿子，每次发言都会心跳得很快，手心出汗，大脑一片空白，想好的东西就像卡在喉咙里一样，完全说不出来。小林曾经在做班级汇报时，因为自己说错了一个地方，完全愣住了，她感觉到老师的失望、同学的嘲笑，于是这之后，她更加不愿意当众发言了。

老师认为她其实是一个很优秀的学生，但因为“胆小”让她错失了很多展示自己的机会。老师也曾和小林沟通，表示对她有很高的期待，希望她能够勇敢展示自己。作为老师，可以做些什么来帮助小林克服演讲时的焦虑呢?

一、了解概念

小林的这个情况属于“社交焦虑”，社交焦虑是指与人交往时，个体会觉得不舒服、不自然，紧张甚至产生恐惧、焦虑的情绪体验。主要表现为对社交场合和人际接触的过分担心、紧张和害怕。在公众场合说话、聚会或开会时，会因为怕自己做出一些难堪的行为而使自己感到尴尬、窘迫等，也会害怕在公众场合与人接触，怕自己脸红，怕与他人目光对视，或怕别人审视自己而发现自己的不安窘相和内心秘密等。有些人会出现只在某个场合下产生问题的社交焦虑情况，公开演讲的情况就是其中非常典型的一种。

出现这种问题的儿童青少年不仅在现实的社交场景中会产生焦虑情绪，甚至在离开后，他们的脑海中还会“回放”那些使他们焦虑的情境，使得焦虑情绪不断强化。为了回避导致社交焦虑的情境，儿童青少年通常会减少社会交往，然而也正因为如此，他们会陷入表现出明显的紧张，并害怕被人评价的漩涡。由于焦虑的原因，个体可能会在社交方面表现得很笨拙，如说话较少、声音小或者犹豫不定。然而，因为缺少社交学习经历，从而会进一步影响其社会表现，当这种情况形成一个恶性循环时，就会不断加深儿童青少年在社交时的消极感受。

如果想单纯地通过回避来减轻社交焦虑这种情况，只会使问题越来越恶化，只有对此进行积极的干预才是最佳办法。

二、探索原因

那么学生为什么会产生社交焦虑呢？其原因是多元的，教师可以从以下几个方面进行了解。

生物学因素

对于社交焦虑的研究发现，遗传和生理因素对社交焦虑的产生起着一定的作用。研究发现家族中的一级亲属（即父母、子女、兄弟姐妹）中有社交焦虑的情况，会增高社交焦虑风险，由此证明社交焦虑存在家族聚集性，遗传因素起着一定的作用。

社交焦虑的生理原因目前尚未明确，可能的机制包括去甲肾上腺素系统的功能亢奋、5-羟色胺系统敏感性升高、下丘脑-垂体-肾上腺轴过度反应等。有研究还发现社交焦虑的产生与以杏仁核为核心的条件性恐惧网络敏感度高有关。

因此，社交焦虑存在一定的生物学客观因素。

环境因素

从家庭环境因素来说，当父母传达给孩子一种负面的社交体验，如父母关系冲突、过度保护或忽视、儿童期虐待、频繁搬迁、缺乏与成人的亲近感等时，孩子在社交过程中得不到正面的示范与安全感，就容易在社交中体会到挫折感。

从社会环境因素来说，当在人际交往受挫时，如经历过被戏弄、欺负、排斥、嘲笑等不良经历等，也会增加个体的社交焦虑。对儿童青少年来说，他们主要生活的社会环境就是学校，学生通过人际交往找到自己的社会角色。如果学校氛围中一味强调学业，而减少活动，那就降低了学生相互交往的机会，影响了学生社会交往能力的正常发展。

性格因素

自卑、自信心不足、胆小怕事的性格都可能成为引起社交焦虑的原因，这样的性格特征会导致个体对于社交事件中的挫折更加敏感，身体上的不适感也更容易使其产生紧张、焦虑的情况，情绪波动较大。个体的自我意识感强、自卑、消极的心理暗示都可能会强化社交焦虑。对于有的儿童青少年来说，对自己的期待较高，十分在乎他人对自己的评价，在社交产生挫折时容易产生不合理认知，这也是导致个体产生社交焦虑的原因。

三、教师辅导站

作为教师，如何帮助公开发言时会大脑一片空白的学生，让他们能够缓解焦虑，重拾自信呢？

识别焦虑情绪

教师帮助学生辨别和确认焦虑情绪是应对焦虑的前提。教师可以告诉学生，一个人之所以会焦虑是因为不确定这个威胁产生的结果有多么严重。因此，确认"威胁"本身就有减压作用。

教师可以让学生来说一说自己演讲前的感受：在生理方面，如感觉心跳加快、胸闷、手脚冰凉或出汗等；心理方面，如担心、害怕、烦躁不安、有逃避感等。当这样的感觉来的时候，给这样的“威胁”情绪贴一个标签，如“小捣蛋”来了。这样可以使原本模糊的东西清晰化。教师要告诉学生：“没关系，这就是‘小捣蛋’而已，你一定能应付它，先放轻松一点，老师一起帮助你想办法对付它。”学习识别和恰当地表达自己的情绪，都可以对调节焦虑情绪起到帮助，教师也可以教学生寻找信任的倾诉对象，帮助学生及时疏导情绪。

学习放松法

放松法能够使个人从紧张状态松弛下来，常用的放松法有深呼吸法、肌肉放松法和想象放松法。深呼吸法放松是通过调节自己的呼吸，用深呼吸的方式自然放松。肌肉放松法可以通过肌肉从头到脚有序地收缩、松弛，从而达到身心的放松。想象放松法是指教师可以指导学生在一个假想环境里，模拟公开发言的场景，帮助其进行练习。鼓励学生逐渐面对这种场面，先在假想中适应这种产生焦虑紧张感的环境。

教师也可以结合自己的经验和学生一起探讨适合他们的放松法，通过学习放松法，教师可以告诉学生，他们在应对焦虑情绪时，是可以有一些方法帮助自己做调整的。

积极地自我对话

教师可以了解学生在焦虑背后是否有一些不合理认知，通常学生背后会有一些绝对化信念，比如：我怎么这么糟糕，我是个没有用的人；在大家面前丢脸了，别人一定会嘲笑我的；我明明之前已经自己练习过了，为什么和我设想的不一样，我真失败……这些想法背后的潜台词还可能是学生的“完美主义”。教师可以引导学生这样想：没有人可以做到完美的；别人也就是笑笑，不会往心里去的；错已经发生，担心也没有用，以后多注意就行了。

教师可以引导学生去思考任何情况的两面性，之前公开发言的经历虽然不成功，但可以给自己积累发言的经验，用成长的、变化的眼光看待自己。教师可以告诉学生，如果一个人对于客观事件的看法是灵活的、理性的、有建设性的，那么结果可能就是有益的。寻找积极的一面，这样可以把消极面进行转换，也会有利于找到再次尝试的动力。告诉学生不否定、不苛求自己，不要总回忆不愉快的过去。

鼓励参与集体活动

学生羞涩于表达，但这并不影响学生融入集体，参与社交。教师可以鼓励学生与班级同学进行积极的聊天，与同学们谈论他所擅长的话题，或者准备几个大家都会喜欢的话题，成为一个话题的发起者，或者也可以鼓励学生先学习做一个积极的倾听者。当学生能够融入一个友善、温暖的集体时，他们在社交时的焦虑感也能有所减轻。

学生的情绪发展对他们的成长有着重要的意义，教师在发现学生有社交焦虑这种情况时，可以与他们多沟通、交流，一起探讨原因，寻找适合的方法帮助他们改善社交焦虑。对于在公开发言时容易紧张的孩子，可以在发言时给他们更多的鼓励，有时候一个眼神、一个微笑或许就会成为他们改变的开始。

（上海市宝山中学　国家二级心理咨询师　李文君）

学生为何扬言要自杀？

小文是某中学高一年级的学生，刚上高中第一个学期便勤奋学习，认真自律。新学期开学一个月，老师发现他常在学校池塘边徘徊，下雨的时候也不打伞，呆呆地站在雨里看着池塘，任凭雨淋湿自己。当老师询问他时，他说是想看看这个水池有多深，掉下去会不会死，又提及最近想了好多种可以死去的方法，但还没想好具体用哪一种。

意识到问题的严重性后，老师和小文深聊下去，了解到在他看起来优秀的小文背后其实有很多不甘、悲伤和愤怒。小文已经连续失眠多日，上课也没有精神，打算本周末结束自己的生命。

一、了解概念

中学生处于发展的特殊时期——心理“断乳期”，向往独立和自身能力有限的矛盾使他们对外部环境的变化充满困扰，容易产生情绪障碍，导致不良行为的发生，严重时可能引发校园学生自伤、自杀危机。

我国学者一般把自杀过程分为以下三个阶段。

自杀动机或自杀意念形成阶段

表现为遇到难以解决的问题，逃避现实，为自我解脱而把自杀当作解决问题的手段。

矛盾冲突阶段

产生自杀意念后，求生的本能会使打算自杀的人陷入生死的矛盾冲突中，表现出谈论自杀、暗示自杀等直接或间接表现自杀企图的信号。

自杀行为选择阶段

表现为从矛盾冲突中解脱出来，决死意志坚定，情绪逐渐恢复，考虑自杀方式，做自杀准备。

案例中的小文在与老师的交流中说出他当前面对的种种现实困难，产生了自杀意念，表现出谈论自杀的信号，处于矛盾冲突阶段。

二、探索原因

自杀是15～29岁年龄组人群的第二大死亡原因。根据弗洛伊德心理动力学的观点，自杀由一个人经历强烈的心理刺激时激发的内部冲突所致。这种刺激不仅可使一个人倒退到原始的自我状态，也可使此人抑制对社会及他人的敌意及攻击，并使之转向针对自己的内向投射。具体来说，青少年自杀背后的原因是复杂的。有的学生是遭遇了生活重大变故：亲友离世、父母分居离异等；有的学生是患有精神障碍，可能是抑郁症、人格障碍，甚至是出现了更严重的精神症状，例如出现幻听、幻视，听到贬低自己或者让自己如何去自杀的声音；还有的学生平时缺乏社会支持系统，容易在应激下产生冲动行为。这些都是出现自杀情况的可能原因。

三、教师辅导站

遇到这样的学生，作为教师，我们首先要理性、客观地看待“自杀”问题。

消除对“自杀”的误解

× 和想自杀的人讨论自杀会诱导对方自杀。

和想自杀的人讨论自杀能增加对方对社会支持系统的信任，愿意花时间去考虑自杀是否必要。

× 嘴巴上在说自杀的人，行动上不会自杀。

多数自杀的人在其实施自杀之前都曾向别人表露过自己的想法。

× 自杀的人总是会在实施自杀前留下遗书。

有些自杀者冲动来得很快，很强烈，往往来不及留下遗书。

× 自杀的人不理解他死后亲朋好友会十分悲痛。

自杀者会理解亲朋好友可预见的悲伤，但会认为死去的我已经不知道了。

× 自杀者的动机就是想死。

事实是自杀的动机是实在无法活下去，认为现实世界的困难无法解决。

如果学生有自杀念头就不能回避，务必了解学生自杀念头出现的频率和有无自杀的计划等，以便采取最有效的应对措施。通常情况下，学生说想要自杀也是在向外界寻求帮助，一味回避该话题可能让学生觉得教师并不在乎他的生死，与学生谈论这个话题就是让学生知道我们在乎他，愿意与他一起面对这个问题。

能够识别青少年危机的表现

对近期发出下列警示信号的学生，应作为心理危机的重点干预对象及时进行危机评估与干预。

1. 讨论过自杀并考虑过自杀方法，包括通过短信、邮件、信件、日记、图画或乱涂乱画等方式流露出死亡的念头者，例如表达出“我觉得自己已成了行尸走肉”“我觉得人生就是这么回事”“活着一点意思都没有”，等等。

2. 因不明原因突然给同学、朋友或家人送礼物、请客、赔礼道歉、述说告别的话等行为明显改变者。

3. 情绪突然明显异常者，如特别烦躁，高度焦虑、恐惧，易感情冲动，或情绪异常低落，或情绪突然从低落变为平静，或饮食睡眠受到严重影响等。

启动危机干预流程

班主任、任课教师或周围同学发现学生有自杀意念后，应及时向各级主管部门报告，并采取以下措施。

1.“第一现场人”如发现学生危机情况立即向班主任、德育主任或学校心理危机干预领导小组人员报告。在学校心理危机干预领导小组的指导下，将有自杀意念的学生转移到安全地点。

2. 通知学生监护人，必要时24小时陪同，在监护人来之前，需要安排教师或者学生寸步不离陪同。

3. 由心理教师进行心理辅导和干预，并与家长协商及时转介到医院、精神卫生中心进行救助。

4. 在开展危机干预与危机事故处理过程中，应做好资料的收集与证据保留，包括重要的电话录音、谈话录音、书信、照片等。班主任尽可能将该学生的详细材料（包括遗书、日记、信件复印件、短信、微信聊天记录等）提供给学校心理危机干预领导小组备案。

危机干预中的沟通技术

积极、无条件地接纳要自杀的学生，进行沟通，给予支持，务必让学生觉得你是站在他的立场上的。在危机学生开始和教师表达自杀的想法时，往往带着许多情绪，可能会出现自责、愤怒、悲伤等情绪，教师在倾听时，要注意危机学生的表情和举止，以点头、眼神等非言语信息传递出关心，也可以适当言语反馈，如“看到你现在的样子，我非常心疼”“我想让你知道，如果你想和人谈谈，老师就在这里”“如果你想和其他任何人谈，我们也会想办法帮你安排的”，等等，使危机学生感到有安全感、依靠感，对教师产生信任。

同时，可多使用开放式提问，如“什么时候开始出现这个想法”“困扰你的具体是哪些事”“还有哪些同学知道这件事”“事情现在怎么样了”等，搜集更多关于该学生近期困扰的信息。针对学生的具体问题和情况，提出并验证应对危机的变通方法，最好引导学生想出几个可能的替代方案，通常当学生发现他还可以通过其他努力改变现状的时候，他就会愿意试一试。

开展生命教育，做好危机预防工作

学校和教师应对学生进行生命教育，引导学生热爱生活，热爱生命，善待人生；应对学生进行自我意识教育，引导学生正确认识自我，愉快接纳自我，积极发展自我，树立自信，消除自卑；应对学生进行危机应对教育，让学生了解什么是危机，什么情况下会出现危机，哪些言行是自杀的前兆，对出现自杀预兆的同学如何进行帮助和干预。

无论何种危机事件的发生，都会令人深感惋惜。作为爱孩子的教师，提前了解危机干预的流程与措施，可以帮助我们在突发事件出现时保持镇定，从容应对。

（上海市建平中学　学校中级心理咨询师　刘玄佛）

为什么学生喜欢花钱打赏网络主播？

子杰是一个对游戏很感兴趣的男孩，他长期关注了一个游戏主播，但从来只是在电脑上看看。自从有了智能手机，他便经常用手机观看这个主播打游戏。有一次，他一冲动就给主播打赏了5架直升机（上千元），在此之后，每当他进入直播间主播都会积极和他互动，因此，他便又陆续给该主播打赏了几次，直到自己的零花钱和亲戚给的红包所剩无几。不久后，妈妈看到了他的支付记录，非常生气，母子爆发了激烈的冲突。最终，妈妈把子杰的手机"扣押"了，并打电话给班主任，想问问老师有什么解决办法。

一、了解概念

可怕的不是"打赏"本身

随着智能手机和直播软件的普及，像子杰这样为主播打赏的青少年也非个例。"14岁少年给网络女主播打赏了16万元""父亲卖菜为生，儿子花160万元打赏主播"等相关新闻层出不穷。其实，直播打赏本身并不可怕，但未成年人尚未有经济来源和理性的金钱观，偷用父母血汗钱或不慎乱花零用钱为喜欢的主播一掷千金就非常有必要关注了。

沉迷“打赏”的青少年的特点

现实中，像子杰这样沉迷游戏和直播打赏的青少年往往具有这些特点：好奇心强、自控力弱、逃避现实、缺乏线下社会支持、金钱意识薄弱。受到家庭教养方式、家庭环境，以及社会环境风气的影响，这类青少年对于诱惑的辨别和抵抗能力未得到充分的发展，缺乏来源于现实世界的认同感、归属感和成就感，也缺乏对自身或家庭实际情况的适应性认知。但正如硬币的两面，问题的反面也蕴含着机会，这类青少年更易受到周围人或环境的影响，是我们学校教师进行工作的重要资源。

二、探索原因

对这类事例，需要先明确青少年沉迷游戏和直播打赏是由多种因素相互作用的结果。

游戏和直播打赏能够实现青少年在现实世界无法实现的梦

在现实生活中，青少年在成长的过程中会面对很多挑战，或是学业上得不到成就感，或是在人际关系上受挫。而虚拟的世界可以安慰玩家对现实世界的失望，帮助他们获得在现实生活中得不到的价值认可。也许一个在学校成绩倒数的孩子在游戏排名里名列前茅，这样的正反馈会让他更愿意花时间来打游戏而非学习；也许一个在学校里交不到好朋友的学生可以在直播间里找到他喜欢的偶像，并通过打赏、聊天、频繁的互动，让他找到前所未有的归属感。此外，游戏的排位和直播的打赏排名都遵循公平公开的规则，使得玩家或打赏者能够看到即时的奖励和升级，而这些荣誉也可能是他们日常在同学圈里可以拿得出手炫耀的谈资。以上种种原因，都是游戏和直播吸引青少年的关键因素。

家庭、学校、社会缺乏对青少年的消费观教育

消费观是指人们对消费水平、消费方式等问题的总的态度和看法。如今，各类购物网站、直播平台、游戏App用新鲜、刺激的内容不断吸引青少年的注意

力。青少年群体不仅在网络上花更多时间，也更愿意产生消费行为，但学校和家庭却鲜有对学生如何使用零花钱的指导和消费观教育。一些家长爱子心切，往往勒紧自己的裤腰带也要尽力满足孩子的物质需要，如经常购买高档衣物、玩具和手机等，孩子没有养成量入为出的消费习惯，因此在直播打赏时不知节制。

三、教师辅导站

这类非理性的打赏行为不仅会造成金钱上的损失，且会造成青少年错误消费习惯的固化，甚至使得家庭关系遭到威胁。遇到这样的学生，教师可以做些什么呢?

安抚学生的情绪，找到打赏背后的需要

当学生因为直播打赏被父母责骂，内心可能会产生委屈、自责、不服气等情绪。因而，我们一方面可以建议家长注意安抚孩子的情绪，而非劈头盖脸责骂孩子不懂事；另一方面我们也可以问问学生：直播打赏、游戏视频给你带来了什么？是不是现实生活中缺乏交流对象所以希望在网络上找到志同道合的人？是不是经常在感到孤独、心理上有压力的时候才去看直播？先安抚情绪，创造可以沟通的空间，引导学生说出直播打赏背后的需要。

找到现实世界中的乐趣

我们需要为这类容易沉迷虚拟世界的学生，找到现实生活中的乐趣和价值。我们可以在建议家长多些陪伴、多些肯定的同时，引导这些学生积极参与学校活动，在活动互动中建立真实的人际联结。从班集体层面出发，班主任可以引导学生主持和设计有时代特点的主题班会；从学校层面出发，可以创建更多的学生社团、兴趣小组、联谊会等，让学生们有机会全面展示自我，在现实生活中探索兴趣，获得成就感。

建立适度消费观

为喜欢的主播打赏未必不可，但我们需要让该年龄段的学生认识到什么是科

学合理的适度消费观。适度消费观是一种既不主张对物质财富一味节约吝惜，又不赞成对物质财富毫无节制地消耗滥用的消费观。这种消费观认为，消费者在消费时不仅要考虑自身效用的最大化，而且要考虑他人利益乃至社会的利益；不仅要考虑当代人的利益而且要考虑子孙后代的利益。教师可以安排班会时间让学生以“适度消费观”为主题进行主题班会研讨，让该年龄段学生自己去定义什么是用之有度、积极、合理的消费。学校层面也可以在科技创新大赛、主题周、升旗仪式中让学生以消费观为题进行演讲、调研等活动，提升学生自己探索问题、解决问题的能力。

建立上网约定

网络不是自由无限放大的空间，青少年在使用网络时，面对纷繁芜杂的信息，很容易习得或模仿不当的观点与行为，从而妨碍其身心健康发展。因此，面对因类似于打赏主播等网络使用不当引发亲子冲突的问题，教师应该引导家长与孩子平等沟通，在尊重孩子自主性需求的基础上，给孩子有限度的自由。例如，为孩子的红包设置个人记账本，支取超过一定额度以上的钱需要征求家长同意，而上网的时间、使用的功能与浏览的范围也要做好约定，培养孩子的自主规划、自我约束能力。

网络打赏并非洪水猛兽，因势利导即能化解困惑。生活在21世纪，网络早已改变了我们的生活形式，我们只能顺应这些改变，而不能一味遏止。通过情绪的安抚、需求的觉察、现实支持系统和消费观的建立，以及约定的订立，便能帮助学生缓解沉迷打赏的行为。虚拟世界再绚烂多彩，也不能忘记真实世界的美丽，因为只有那里才存在着触手可及的鸟语花香。

（上海市建平中学　学校中级心理咨询师　刘玄佛）

学生过度节食，是怎么了？

田田和伊伊是高中一年级的同班女生兼室友，两人都是1米6的身高，体重分别在90斤和84斤左右。开学3个月后的体检显示田田和伊伊的体重只有86斤和76斤，除了消瘦、贫血外，没有发现其他躯体方面的健康问题。

班主任老师很担心她们，询问："是学校食堂的饭菜不合胃口吗？还是你们在刻意减肥？"田田说："我没减肥啊，就是胃口不好，不想吃东西。"伊伊说："我还是吃得太多了，要是再轻点就更好了！"班主任请生活委员仔细观察了田田和伊伊在校午餐的情况，发现田田连一半饭菜都吃不完，有时候饭菜不对胃口，索性全倒掉了；而伊伊吃饭前会把想要吃的饭菜先挑到一边，大约只有总餐量的四分之一，而且以素菜为主，肉菜和主食基本不吃。

老师联系了家长。田田妈妈说田田小时候发生过胃扭转，康复之后胃口一直不好，很难喂养，多年补充营养素。伊伊妈妈则告诉老师她也正苦恼，伊伊中考前饮食正常、体重96斤，但中考后迷上了一位偶像，在粉丝群里看到大家都在聊减肥、苗条的话题，就开始觉得自己太胖了，要减肥，开始节食，3个月瘦掉了12斤，但她还不满意，说有粉丝最多瘦30斤，她也要力争瘦到66斤。

一、了解概念

田田和伊伊都是一定时期内过度节食，不肯吃东西，导致体重不达标、贫血、营养不良，但她们对饮食持不同的观念，具有不同的饮食动机和行为表现，是否存在不同的进食障碍呢？

田田的胃扭转早就康复，没有其他疾病或器质性损伤导致不能进食，也不是因介意自己的体重而刻意减肥，只是明显缺乏对饮食或食物的兴趣，未能满足恰当的营养或能量需求，出现明显的体重减轻和贫血，因此可初步评估为回避性/限制性摄食障碍。

伊伊也没有其他导致节食的躯体病因，她只是想瘦，哪怕体重偏轻、营养不良还感觉自己太重、太胖，还要再瘦一些，通过少吃或不吃让自己的体重减轻。这是神经性厌食的表现。神经性厌食分为限制型和暴食/清除型，前者只是通过节食、禁食或过度运动来保持体重减轻；后者则短时内大量进食，之后通过催吐、泻药、利尿剂、灌肠剂等将食物快速排出体外。伊伊可初步评估为限制型神经性厌食。

回避性/限制性摄食障碍和神经性厌食都是喂食及进食障碍的一种，其他的进食障碍还包括神经性贪食症、暴食症、异食症、反刍障碍等。

二、探索原因

进食障碍的确切病因及发病机制至今仍不十分清楚，目前考虑和生物学因素、个体心理因素、社会文化因素、家庭因素有关。

生物学因素

进食障碍可能与遗传、神经递质等因素有关。研究表明进食障碍存在家族聚集性，家系研究及双生子研究提示进食障碍与遗传有一定关联，遗传度在50%～83%之间，其中神经性厌食症和遗传的关系最密切，双生子研究发现，厌食症同卵双生子的同病率约55%，显著高于异卵双生子同病率（仅为5%）。

此外，患者中枢神经系统中存在单胺类神经递质代谢异常及多巴胺能系统和内啡肽等代谢异常的现象，表明进食障碍与大脑神经递质异常相关。

个体心理因素

性格特征是进食障碍高危因素之一，其中两个最重要的特征是低自尊及完美主义。进食障碍患者还常共存人格障碍，尤其是回避型、强迫型、边缘型人格障碍。

进食障碍患者的情绪识别能力、情绪调节能力、认知灵活性和控制冲动能力存在缺陷，患者对自己的身材和体形要求苛刻，渴望受到他人的关注但是又非常惧怕负面评价，在维系人际支持和建立良好亲密关系方面能力有限。

社会文化因素

进食障碍的发生和社会文化观念有关，在现代社会文化观念中，以“瘦”为美受到公众的推崇，年轻女性更易受到社会以瘦为美的审美趋势和目标的影响，担心肥胖，以至于厌食。

家庭因素

家庭在进食障碍发生与发展中起着重要作用。有专家认为进食障碍是孩子表达其想要独立自主的手段，目的是实现对父母的反控制，并以此作为解决家庭内冲突的一种方法。有研究认为厌食与关系缠结、过分保护、僵化以及回避冲突等不良家庭关系模式有关。父母养育方式不当、家庭冲突频发、儿童遭虐待或忽视、不良进食观念与进食行为的代际传递等，在进食障碍的产生中扮演重要的角色。

三、教师辅导站

尽管不同进食障碍的产生原因不尽相同，但进食障碍往往伴随精神障碍发生，而且从临床来看，比单纯的抑郁症、焦虑症、恐惧症等精神障碍更加复杂和难以康复，学校教师应该给予重点关照。教师可以从哪些方面介入干预呢?

识别是否存在进食障碍

体重指数BMI可以计算人体的胖瘦程度，评估是否处于健康状态。BMI=体重（千克）/身高（米）^{2}。按照我国标准，正常BMI值为18.5～23.9，超重BMI值为24.0～27.9，肥胖BMI值为≥28，BMI值＜18.5则为消瘦。

当学生体重指数不达标，尤其出现营养不良、生长迟缓、贫血等情况时，教师要重点观察学生的饮食习惯，发现是否存在过度回避进食、过度进食、进食非食用性物品、不正常进食等行为。

对于有些行为比较隐秘的不正常进食，要通过询问周围的人，如家人、室友、同桌等全面了解该生的进食情况，包括学生是否购买瓜蒂粉、硫酸铜、硫酸锌等催吐药物，是否购买“兔兔管”“仙女管”等催吐工具。

教师有了学生可能存在进食障碍的基本预判后，可以直接询问学生“你为什么吃得这么少（多、快）”“你如何看待自己的体重”“如果不小心吃多了你怎么办”等问题进行进一步核实，并建议家长带往医院营养科或者精神心理科就诊，以医生诊断结论为准。

给予学生更多支持和关爱，采取一定的行为干预

教师将进食障碍的学生纳入自己的特别关爱视野，花更多时间支持和关心学生，并采取一定的干预措施，包括但不限于以下几点。

1. 经常和学生谈心，教育引导学生及时满足自己的生理发育和营养需求，做好健康管理，督促学生坚持治疗和科学饮食。

2. 成立朋辈互助小组，帮助学生克服学习等现实困难、获得更多朋辈支持和友谊。

3. 通过协议书、饮食记录表等方式监督学生在校期间的饮食，还可以对学生的进步进行奖励。

4. 引导学生参加绘画、剪纸、手工、编织、书法等身心放松的活动。

5. 鼓励学生参加校园组织的心理剧、团体辅导活动等，获得更多心理成长。

给予家长适当的指导和建议

教师和心理教师可以根据情况给父母适当的指导建议，指导和建议包括但不限于以下几点。

1. 每天跟孩子聊天，聊天时保持好奇，减少批判，不说教，对孩子的情绪表达接纳和理解。

2. 对孩子表达爱意和关心，告诉孩子“我想关心你”“我很牵挂你”，如果不知怎么说也可以用拍肩、拥抱等肢体接触来传达。

3. 提高陪伴孩子的质量，不对孩子说指责、命令的话，不说否定孩子、批判孩子、孩子不如谁的话。

4. 坚持家校医合作。

（上海海洋大学　国家二级心理咨询师　李爽）

为什么有男生屡次偷拿女生内衣？

最近一年，宿舍管理员陆续接到几位女生反映晾晒在一楼阳台的内衣不见了，有天半夜，保安大叔巡逻时抓到了一个正在偷拿女生内衣的人，原来是住在隔壁男生宿舍楼的男生小亓，而且他承认前面几次也是他干的。当班主任得知这个消息时惊呆了，小亓平时多数时间很安静，一副老老实实、规规矩矩的样子，学习成绩中上，没什么不良行为，也没有谈恋爱，虽然和老师同学不亲近，但大家只是觉得他性格内向，并不讨厌他。

班主任通过上门家访了解到小亓自幼父亲病逝，主要靠妈妈、姐姐打零工挣钱养家，经济条件较差，家里仅有一个房间，中间用一道帘子将男女隔开，衣物等凌乱地堆放着。妈妈对他的管教与照顾多数时间散漫、随意，有时又大发脾气、非常严苛，小亓从小就比较怯懦，不和他人有亲密的接触与交流，青春期后更加沉默寡言。

经过深入了解情况，小亓不是爱慕某个女生而偷拿她的内衣，也没用偷拿来的内衣换钱。最近一年内，他冒着风险多次偷拿女生的内衣，只为夜深人静的时候，独自穿着或抚摸、摩擦这些内衣激起自己的性幻想或性冲动，进而自慰以满足性冲动。

一、了解概念

男生偷拿女生内衣用来激发性冲动的行为首先让人觉得“恶心”“变态”。性变态是一种俗称，学名叫性欲倒错障碍，包括恋物障碍、露阴障碍、窥阴障碍、摩擦障碍、性受虐障碍、性施虐障碍、恋童障碍、恋物障碍、易装障碍等。

像小亓这样，至少持续6个月以上，通过使用男性或女性鞋袜、橡胶制品、皮革服装、其他可穿戴衣物等恋物对象，来激起反复的强烈的性唤起，引发性幻想、性冲动或性行为，就是恋物行为，恋物行为是恋物障碍的前期表现。

小亓被“抓”后，如果被定性为偷窃或者行为不端，可能会遭受处分进而影响学业；如果被其他教师同学知道后传播开来，可能会长期面对他人的指指点点，甚至遭遇网络暴力，人际方面受影响；如果小亓自己深以为耻，心理上有极大的自卑感、愧疚感、痛苦感和羞耻感，可能引发抑郁、社交恐惧等情绪障碍。这些不良后果要是发生，小亓社会交往和学业等方面的功能受到损害，将发展成恋物障碍。

目前来看，小亓的行为属于恋物行为，有可能转化为恋物障碍。

二、探索原因

恋物行为的发生，有先天原因也有后天原因。

生理因素

恋物行为，常伴随性欲亢进，与睾丸素（荷尔蒙）分泌过多、下丘脑中枢神经介质分泌失调等生理因素密切有关。另外，垂体肿瘤、睾丸间质细胞瘤、颅内肿瘤等器质性病变和中风、脑外伤、血管性痴呆、癫痫、甲亢等疾病，也会引起性欲亢进。

药物、食物因素

长期服用促性腺激素类、睾酮类药物或这些物质含量较多的食物，使用可提高神经兴奋性的药物，可以导致激素浓度升高和性欲亢奋。

家庭因素

恋物行为有常见的家庭原因。如从童年期开始，与家庭中女性成员的不恰当相处方式会对性意识萌发和性心理发育产生不利影响。

社会环境因素

遭受心理挫折、情绪冲突、不良的性刺激等是恋物的常见社会环境原因。

认知因素

由于缺乏科学的性知识，对性认知存在偏差，或在错误的引导示范下，导致恋物者不能通过正当合理的途径表达原始欲望和渴求，进而产生变态性行为。

精神因素

医生在治疗中发现，抑郁或焦虑障碍可能使患者降低对欲望和行为的控制，往往不能将性欲望和性行为进行合理控制。

三、教师辅导站

虽然性变态的发生率不高，但往往伴随违法违纪行为，一旦遇到则较难处理，教师应如何应对呢？

保持警觉

如果有青春期及之后的男生偷拿或收藏女性内衣、长丝袜等物品，教师要保持警觉，可通过有针对性的问话来了解这些物品和性唤起之间的关系，比如直接问："这些衣物会激发你的性冲动吗？"只要回答与性唤起有关，就不是单纯的品行问题和违纪行为。

安抚好受影响学生

如果女生的内衣、长丝袜等物品被恋物的人有意拿走，很大可能产生强烈的厌恶情绪甚至羞耻感。因此，教师要安抚好这些女生的情绪，可以请受影响的学生求助心理教师或心理咨询师进行情绪宣泄和疏导，调整不合理认知，降低负面影响。

对恋物学生适当惩戒的同时做好保密

学校往往需要对恋物学生进行适当惩戒处理。除了常规的批评教育、写检讨之外，报告、处分或处理文件等相关材料尽量遵循不描述细节、不报告原因等原则，为恋物学生适当保密。相关知情人员，如涉及的宿舍管理人员、保安、清洁工、室友等也要进行保密约定，不肆意传播，不要将信息发布到网上。

引导恋物学生寻求专业帮助

如果恋物的学生存在持续超过2周的抑郁、焦虑、内疚、自责、自罪等不良情绪，或者被发现后有很强的羞耻感，回避见人、拒学，人际关系和学业受到影响，教师要引导恋物学生及时寻求专业帮助。专业帮助通常是综合性治疗，包括药物治疗、心理治疗、行为矫正、家庭治疗等。

对家庭开展指导教育

恋物行为被发现后，学生家长也往往产生羞耻感，对孩子感到愤怒、失望，甚至家庭急剧动荡，产生亲子冲突，加重学生心理负担。教师首先可以给予家长共情和支持，告诉家长孩子在成长发育中总是会出现各种问题，性心理偏差只是其中一种，没必要觉得没面子，只要能解决问题就好。其次要理解家庭对孩子问题的困惑和无助，鼓励家长带孩子寻求专业帮助。

教师给予支持和指导，开展性教育活动

教师要放下偏见，愿意和恋物学生正常交往，提供情绪支持和人际关系指导；心理教师可以通过个体心理咨询或团体心理辅导，缓解学生因为性问题产生的情绪或困惑；校园内可以开展性教育讲座或活动。

推荐心理热线咨询

据统计，有很大比例的心理热线电话跟性话题相关。性，是一个比较隐秘的

话题，学校和教师可将上海市民心理热线962525、林紫公益咨询热线400-098-0708转3以及共青团专业心理援助热线12355等心理服务热线发布给学生，给学生在性方面的困扰提供多一些出口。

（上海海洋大学　国家二级心理咨询师　李爽）

教师怎样对待中学生的性行为?

亭亭是一名高二女生，人如其名，清秀漂亮，亭亭玉立，性格也温柔可人，很受老师和同学们喜爱。在众多的追求者中，她选择了自己的初中同学，她觉得这个男孩子很帅，学习也不错，最重要的是他从初中开始就喜欢自己。即便现在两个人不在同一所学校，但每天晚上都会发消息或在网上聊一会儿天，周末还能有个半天时间一起去图书馆自习，这让她觉得很满足。

可就在最近，男朋友总是和她提出想要出去开房的想法，亭亭心里很矛盾，既害怕又有点小期待，既担心又不忍拒绝，一时不知道该怎么办好，只能来求助于她最信赖的心理老师。

一、了解概念

亭亭遇到的困惑正是青春期少男少女如何面对婚前性行为的问题。

性行为可分为边缘性性行为和性交行为。边缘性性行为是性行为的重要组成部分，指非性交行为。如相互抚摸、亲吻及其他亲昵的动作。因为性交行为对青少年生理和心理产生的影响最大，所以本文提到的中学生性行为主要指中学生的婚前性交行为。

中学生的婚前性行为由于缺少知识、心理、伦理道德的准备，其弊远大于利，如人工流产人数增多，性病、艾滋病传播率高等问题，这些都对青少年的健康成长和社会稳定产生了较大的负面影响。

二、探索原因

生物因素

人类的性行为直接受中枢神经系统和激素的调节。处于青春期的中学生冲动控制和理性思索的相关脑区尚未发展成熟，因此容易采取风险行为，如性行为。另外，青春期激素水平（睾丸激素、雌激素和孕酮）的上升对中学生性冲动和性行为也有着实质性的影响。

社会因素

学生家庭是否和睦，父母的婚姻、情感状态，父母受教育程度，家庭的教养方式，宗教信仰，同伴的性观念，学校的性教育，亚文化背景，社会媒体和环境……都会对中学生性行为产生影响。

心理因素

影响中学生性行为的心理因素有很多，如：对“性”的好奇和冲动而产生的猎奇心理；同伴影响带来的攀比心理；为了取悦对方，拉近亲密关系的讨好心理；等等。

三、教师辅导站

遇到对性行为有困惑的学生，教师可以做些什么呢？

理解学生的情绪情感

自古以来，在中国传统文化影响下，“性”都是难以启齿的话题。尤其对中学生来说，能够主动对教师开启私密话题并征求意见都是对教师的极大信任。教师应该以温暖、接纳的态度倾听学生的困惑，不要表现出大惊小怪，更不要上来就批评说教。要共情学生，理解这个年龄学生的性冲动，并肯定和感谢学生对教师的信任。

帮助学生了解性行为的影响

中学生性行为无论对男生还是女生，都会在生理和心理上造成一些影响甚至创伤。作为教师，要帮助学生提前认识到婚前性行为有可能给他们的生理和心理都带来不良的影响。

给予学生异性交往的建议

情感升华： 教师可以引导学生对爱情的本质进行思考，结合斯滕伯格的爱情三要素理论——亲密、激情和承诺，从“感情”“生理”和“理性”层面帮助学生了解怎样的爱才是一种成熟的、负责任的爱。

行为自控： 教师还要帮助中学生学会勇于说“不”，自觉而主动拒绝性行为。拒绝不是伤害，真爱需要等待。拒绝一定要坚决明确，不要含糊其词，不要轻信单凭性爱就可以加深感情的说法，不要把满足生理需求作为表达情感的方式。让中学生认识到行为自控是对自己和他人负责的一种表现。

广泛交友： 心理学的研究和实际观察发现：青春期交友范围广泛，既有同性知己，又有异性朋友的人，比那些少有朋友或只有同性朋友的人的个性发展更完善，情绪波动小，情感较丰富，自制力较强，心理健康水平高，容易形成积极乐观、开朗豁达的性格。教师要倡导中学生广泛交友，有利于促进学生的身心健康，同时又能避免由于单一的情感寄托导致在异性交往中的“无法自拔”。

加强学生性知识和性道德教育

中学生由于身心发育不成熟，往往出于好奇、冲动或受人引诱、胁迫，在缺乏充分的知识准备和心理准备下发生性行为，不仅对自身的生殖健康造成威胁，更会对心理健康造成危害。因此，教师应给予足够的关注，在学校的教育教学活动中提供及时、充分的性与生殖健康教育，帮助中学生尽早建立正确的性观念，获取科学的性知识，抵制不良思想和行为的影响，推迟首次性行为的年龄，提升自我保护意识。

教师不仅要给予学生正确的知识，更重要的是要进行态度、道德价值观的引导，帮助中学生们建立积极的态度与符合社会规范的性道德价值观，这才是改变其行为的根本。

（上海市洋泾中学　国家二级心理咨询师　朱红）

为什么很多高中生不愿意跟家长沟通？

小华今年上高一，在学校里学习认真，跟同学们相处挺好，也能积极参加班级活动，老师们也挺喜欢他的。但是小华家长却找班主任“诉苦”，家长反映小华自从上了高中以后，好像变了个人似的，不愿意和家长多说话，不愿意和家长分享他的事情。小华在上小学、初中的时候整天黏在家长身边，什么事都要告诉家长。可现在却沉默寡言了，放学回家后，除了吃饭，他就钻进自己的房间不出来。有时候家长故意找话题和他聊，他也很简单敷衍地回答：“没什么好说的。”家长去问小华作业情况，小华更是对家长不理不睬，对此家长很难过伤心。

从事教学工作的高中教师，会深深地体会到学生与父母能否进行有效沟通不仅影响学生的个人生活，更影响了学生的学习生活。教师在学生与家长的沟通中需要发挥纽带作用。

一、了解概念

高中阶段，经过初中阶段生理及心理上的剧变及动荡，高中生的生理及心理都趋于成熟和稳定。一般来说，高中生的自我意识更强，需要更多的独立空间，看待问题时也有了自己的独立思考，无论在身体上还是在心理上都想要尽快地脱离家长的束缚，希望自己可以不受家长及教师干涉地独立处理问题。他们的思想感情变得“内向化”，即内心世界十分活跃，但外部的情感表现却并不明显。所以这些特点时常迷惑着家长，他们找不到和孩子的沟通方式，不了解孩子的真实想法。沟通不好，就会让孩子形成逆反心理，甚至会与家长的关系冻结，实在令人头疼。

如何建立一个好的沟通机制，让家长和孩子能够进行有效的沟通，教师就应充当好纽带的角色，联系沟通学生与家长，让学生理解父母，让家长了解学生现阶段的心理特点。让他们相互理解，力求做到平等交流，主要是解决他们的一些沟通难题，达到家长满意、学生快乐学习的双赢目标。

二、探索原因

有些孩子长大后不愿和父母交流，出现这种情况不但与平时孩子的家庭教育管理有关，也与家长自身与孩子沟通的方法和技巧有关。

青春期的孩子不愿意与家长沟通的因素有很多，主要可能有以下两种原因。

青春期的发展特点导致孩子不愿意和家长多沟通

青春期的孩子不愿意与家长沟通，与孩子特定的年龄阶段所发生的生理、心理、情感变化有着密切的关系，是一种正常现象，家长不必恐慌。孩子进入青春期以后，自我意识在全面发展，从行为表现到思想人格上都有独立的需求。他们希望与家长沟通，但是同时又觉得自己已经长大，很多事情应该自己面对和承担责任。大部分高中生的思想不成熟，对待事物考虑不全面，容易意气用事，而且处理问题的方法手段也不能很恰当。他们是十分需要来自外界的指点的。然而大部分高中生，不愿向教师和家长敞开心扉，这是因为他们处在一个很矛盾的境地：一方面，他们处于困惑时期，方向感模糊，希望得到父母与教师的指导；另一方面，他们又不喜欢教师和家长的“指导”方式，认为这与自己的想法大相径庭。时间久了，他们就失去了向家长请教的兴趣。

因此，一旦出现矛盾，或者意见不统一，孩子们就会选择疏远家长，去寻找身边的同盟者。但是，并不是说家长对他们没有吸引力，这一阶段的高中生有很强的表现欲，他们会抓住各种机会展示自己，一旦得到别人的认同，就会感受到很强的存在感，他们还是很渴望得到长辈的肯定的。这就使得学生、家长、教师三者的关系十分微妙，若即若离。

家长与孩子沟通中的误区或偏差导致沟通不顺畅

部分家长想尽一切办法试图与学生沟通，这些努力在学生那里却显得苍白无力。常常有一些家长向教师抱怨："我都不知道我的孩子在想些什么，问多了他们就会非常厌烦甚至一走了之，不问又觉得不放心。"这些家长们发现，在采取反复说教的方式后，结果往往适得其反。现实生活中，很多家长还没有学会如何与青春期的孩子沟通。许多家长的沟通内容不是以解决问题为中心，而是家长制作风；许多家长的沟通方式不是以倾听和协商式进行，而是假民主、假商量，虽然是孩子自己的事，但孩子根本就没有选择权；许多家长沟通的目的不是关注孩子的成长，而是为了更好地控制孩子。家长在与青春期孩子沟通过程中使用的句式和语言让孩子觉得不是在沟通，而是在责怪或骂人。

另一部分家长对孩子放任不管，期望能给予他们一个独立的空间，但是青春期的孩子心思细腻，家长给予的空间被他们看来是漠不关心，这导致家长与孩子之间关系变得越来越冷淡。等家长意识到问题时，学生的观念已经很难改变了。

三、教师辅导站

当父母已经把与孩子的亲子关系搞砸了，作为教师可以通过哪些渠道帮助家长重建亲子关系呢?

建立良好的师生关系、营造温暖的班级氛围

人都是有情感需求的，当学生跟家庭有情感隔阂时，更需要教师创建良好的师生关系、温暖的班级氛围。

建构良好班风，营造和谐师生关系。班风是指一个班级的精神面貌，反映了班级成员的整体精神风貌与个性特点，体现班级的内在品格与外部形象，引领着班级未来发展的方向。良好的班风是班级的灵魂，是影响学生全面发展的强大力量，也是建立和谐师生关系的基础。

抓好课堂教学，助推和谐师生关系。学生只有亲其师，才能信其道。教师要立足课堂，灵活把握教材，提高课堂效率。教师还应注意提高自身素质，用自己的身心去影响，用自己的激情去诱发，用自己的热情去感染，创设愉快的教学情境，努力提高学习效率，助推和谐师生关系的建立。

关爱每位学生，深化和谐师生关系。教育是一种关爱，没有关爱就没有教育。教师要时时处处以身作则，尊重每一位学生，关爱每一位学生，对学生要爱中有严，严中有爱，使每一位学生都能感受到温暖，感受到教师的关爱，从而在心里架起无形的桥梁，深化和谐的师生关系。在潜移默化的情感教育中，学生感受到的应该是一种轻松、愉悦的气氛，所形成的应该是一种关心他人、关心集体的氛围。

教育学生尊重家长

教师不仅要身体力行地尊重学生家长，还要教育学生尊重自己的父母，特别是那些社会地位和文化水平不高的父母。可以通过“感恩父母”班会课，在课堂上鼓励学生写些感恩父母的文章，课后批改，班会上与同学们分享。让学生学着体谅自己的父母，学会爱自己的父母。教师在各科教学过程中，可以从平时课堂里教授做人的道理，引导学生展开讨论，由课堂引申到生活，发现父母的好、父母的不易与艰辛，从心理上拉近与父母的关系。教师还需要提醒学生们，珍惜高中阶段还能留在父母身边朝夕相处的美好时光。教师教育学生尊重家长，不但可以让学生更好地理解自己的父母，还可以提高家长的威信，增强家庭教育的力量。

做学生与家长之间的润滑剂

教师教育学生应掌握沟通的主动权。教师可以通过布置课外调查作业等形式，让学生与家长共同完成学校作业内容，例如“我与父母的一次推心置腹的交谈”等。让父母与孩子互相走近，倾听对方的心声，这样学生就有机会与父母讨论学校发生的事情，让父母了解学生在学校生活和处理事情的想法，父母也会发现高中生是一个独立的个体，也就不会盲目地指导生活，从而建立起善于与父母沟通的班级风气。开展一些亲子助推活动对建立亲密和谐亲子关系的重要作用毋庸置疑，努力求变的不仅仅有父母，也有孩子，在这过程中更要有学校教师的助力。

注重家校沟通合作

教师还应该对家长进行家庭教育指导，定期举办家校活动。家校合力，共同教育好学生。教师应多与家长交流，多了解他们是如何处理学生成长中的问题的。要让家长明白，当问题出现时，教师可以是个“好参谋”，这样家长就更能接受教师的家庭教育指导。

家长与学生之间的沟通确实存在着各种各样的问题，但是这种问题并不是不可调和的。作为教师，就要充分发挥纽带的作用，力求与家长建立沟通机制，对于家长教育孩子有效的方法给予肯定，无效甚至错误的方法给予批评指正。教师，作为处于家长与学生沟通中间地带的关键角色，可以在他们沟通中起到润滑剂的作用。只有家长、教师和学生三者不断地交流与沟通才能营造一个良好的生活和学习氛围。

学生、教师、家长和社会是教育事业的基本组成部分，他们的关系犹如行船，社会是汹涌澎湃的河流，学生是激流中逆流而上的小船，教师是岸上的纤夫，家长是各船的舵手，把船拉到目的地是纤夫和舵手共同的责任。

（上海新纪元双语学校　国家二级心理咨询师　郎志玲）

学生的家庭矛盾冲突严重，教师该如何帮助？

欣欣是个普通高一学生，成绩位列中游，老师印象里的她是个安静认真，不会让人太操心的孩子。但这学期刚开始，欣欣的成绩开始出现断崖式下降，平常上课的时候也会走神瞌睡，据同学反映，欣欣有时候还会在厕所里哭。班主任了解到，原来欣欣的父亲和母亲一直关系不和，经常发生吵架，由于欣欣父亲股市的大亏损，夫妻二人关系骤降到冰点，准备离婚。

作为教师，可以做些什么帮助欣欣呢？

一、了解概念

孩子是家庭的重要一员，当家庭发生剧烈矛盾的时候，孩子往往会出现以下几个特点。

注意力与精神的过度损耗

家庭的剧烈矛盾会使得孩子消耗掉许许多多的注意力与精力，进而影响正常作息。有些家长认为家庭冲突是在夫妻间、婆媳间，争吵的时候也是关起门来吵或在电话里吵，甚至也没有争吵，只是冷战、不说话不打招呼而已，这怎么会影响孩子的情绪状态呢？但其实，紧张、焦虑的氛围弥散在家庭里，情绪是有传染性的。“家庭是孩子的避风港”，家对孩子的自我发展与情绪状态起到稳定与支持的作用，摇摆破碎的家庭势必会给孩子带来许多的情绪压力，无法纾解的情绪压力会对其学习生活造成进一步的负面影响。

学业成绩的迅速下滑

注意力的损耗与情绪不稳定的直接表现为成绩的明显下滑，这也是因为在家庭矛盾冲突严重的环境中，受其影响的孩子无法分出更多时间与精力担任自己作为“学生”的角色，其行为表现也因此受到影响，表现为成绩下滑，甚至出现不去上学、自伤自残等极端行为。

二、探索原因

家庭矛盾冲突导致的学生学业成绩下降、情绪状态不稳定、行为异常，可能原因有以下两点。

孩子休息不足

心理学家发现，人只有在适当的压力水平下，其学习动机水平与学习能力才是最高的，压力过高会导致精力耗竭，进而长期处于焦虑与无助的情绪中，而压力过低会处在无聊的状态。家庭的矛盾冲突会导致孩子在原先学业压力的基础上增加新的压力，进而会使得处在冲突中的孩子提前进入耗竭状态，无法面对学业、生活任务。

行为背后是让父母关注自己的“信号”

家庭治疗心理学家发现，当家庭面临冲突的时候，家庭的能量会影响到孩子，孩子也会“主动”进入这场家庭内的纷争，孩子会用自己的行动来劝解父母的“战争”，最常见的方式就是让自己成为“替罪羔羊”，孩子无意识地让自己行为状态变糟变坏，从而让父母恢复教养与管理的功能，让家庭的关系回到原先“平和”的状态。

三、教师辅导站

“清官难断家务事”，面对他人家庭里的不幸，我们做什么好像都很难切实有效。但心理学的研究发现，当人遇到苦难与困境的时候，仅仅是有效的陪伴就可以带来很大的帮助。

陪伴，而不是试图解决问题

陪伴，是一种状态，这是一种源自我们还是婴儿时候的身体记忆，那时候，我们还不会说话，甚至都不会走路。但是我们却能意识到母亲对我们的注视，感受到母亲的爱。这样一种陪伴，让我们稳定了自己的情绪，获得安全感。因此，当学生遇到问题的时候，教师首先要做的就是，在一个安全的私密空间里，陪学生坐一会儿，不需要急着去询问他发生了什么，而是静静和他坐着，并向他表达自己的关心：“老师感觉到你最近一个人承受了许许多多的压力，这样的过程让你很累吧。老师就在这里，如果你需要一个耳朵，就像树洞一样，可以让你把烦心的事情倒出来，老师可以做这只耳朵。”

提供心理能量与系统支持

当家庭中剧烈矛盾出现的时候，孩子的情绪状态往往受到影响，会感到烦躁、不安、悲伤等，一方面他过去和家庭相关的“自我认同”会动摇，另外一方面，他会更加困惑自己的未来和家庭的未来。面对家庭冲突，孩子会“被迫”成熟，或是“退行”至幼儿阶段。而这时候，教师作为一个情绪稳定、可以带来关爱的成年人，一方面可以充分而适当地关爱和肯定孩子，让孩子获得教师的支持，进而内化为自身的价值。另一方面，教师可以根据孩子目前成绩变化最明显的学科，联系相应的任课教师，在适当保密的前提下说明孩子的生活情况，让孩子得到理解与温暖，从而度过当下的困境。

帮助孩子看到自己在家庭系统运作中扮演的角色

当孩子愿意和教师说家庭中的矛盾和冲突，就意味着孩子非常信任教师，想要从教师这边得到安抚。首先，我们可以作为一个倾听者，更深入地了解孩子内心的挣扎，我们可以提问："家里发生这样的事情，你心里是什么感受？是什么时候开始出现这样的感受的？家中发生什么事情时，你容易感受到不安？"不断地提问，可以使得孩子能够更清晰地思考。这种清晰不仅能够让他的情绪被看到，也许还能够试图找到孩子在父母冲突中扮演着怎样的角色，帮助孩子和纠缠的家庭互动及关系分离，以及发现更多处理问题的潜在选择。如果是父母之间的冲突，我们可以鼓励孩子表明态度："你们的关系你们好好处理哦，我不参与不站队哦。"

当和父母交流时，教师可以建议家长寻求专业帮助，或是让他们减少在孩子面前发生争执的频次，让家长意识到为人父母的责任是为孩子创建和谐的家庭氛围。家庭治疗大师米纽庆说：理想的家庭不是不产生问题的家庭，而是产生了问题能够积极解决的家庭。我们需要鼓励家长运用自身社会资源和学习能力，主动解决问题，而非拉孩子站队或是把自身的焦虑情绪宣泄到孩子身上。

帮助孩子学会自我照顾

在一些家庭中，家庭矛盾不只包含激烈的、紧张的氛围，还甚至有一些极端的言语和肢体冲突。此时，孩子作为最弱小的一方，会感觉到不知所措，有强烈的不安全感，这种不安全感甚至会影响到孩子的自我价值感和自我效能感，进而影响其学习表现和人际交往。作为教师，一个比孩子更有力量、更具权威性的、可发展为"重要他人"的角色，充分而适当的关爱和肯定将赋予孩子重要的心理能量。教师的一言一行也会成为孩子效仿的榜样，逐渐地，孩子会将这份关爱、肯定和照顾吸收为自己的态度和能力，将其内化，成为对待自己的方式的重要组成部分，激发潜在的自我照顾能力和自我价值感。

（上海市建平中学　学校中级心理咨询师　刘玄佛）

为什么学生会对教师表达爱慕之情?

孔老师担任高一年级的英语教师，刚刚从名牌大学毕业的她业务水平高，词汇量丰富，语法功底扎实，上课思路清晰，语言活泼有趣，总是能够深入浅出地讲解知识点，课堂气氛活跃，学生参与度高；平时她对待学生平易近人、亲切和蔼，无论成绩好坏，她都耐心指导，和学生说话就像是对待朋友一样，没有一点老师的架子，常常表扬和鼓励学生，还会陪学生聊天，学生们都很喜欢这个新来的老师。如果学生主动来提问，她总是放下手头的工作，特别仔细地给学生讲解，直到学生弄懂为止，从来没有一句语气重的话，所以她的办公桌边常常都围着一群学生。

有一天，她在一堆作业本里发现一张字条，写着："孔老师，自从您来到我们班上，我就被您吸引住了。在我眼里，您高贵典雅，大方得体，美貌与智慧兼具，笑起来的样子最为动人，有一种说不出的魅力。我发现自己已深深地爱上了您。"字条上面没有名字，孔老师面对这样的告白，不知所措。

一、了解概念

高中阶段的学生正处于青春期，心理学家把青春期的性意识分成四个阶段。

疏远异性的性厌恶期

进入青春期后，两性差异越来越明显，个体会为自己的性生理反应感到焦虑、不安、害怕和紧张，并且对性的朦胧认识使他们对男女之间的特殊关系格外关注和敏感，为澄清自己往往对异性故意采取回避的态度。

向往年长异性的牛犊恋期

青少年会像小牛恋母似的倾慕于所向往的年长异性的一举一动，他们对异性的爱慕是从比自己年长得多的异性开始的，这个阶段的表现一般只是默默地向往，而不会爆发出来成为真正的追求和恋爱。

接近异性的狂热期

这个阶段的个体一般会把年龄相当的异性作为向往对象，在各种集体活动中，男女青年都努力设法引起异性对自己的注意，尽量创造出机会与自己中意的异性接近，而且此时接近的对象也会经常变换。

青春后期的浪漫恋爱期

显著标志是爱情集中于一个异性，对其他异性的关注明显地减少了，这段时期，男女都喜欢与自己选择的对象在一起。

正常情况下男生女生都会经历这几个阶段，只是各个阶段时间长短各有不同，或者某个阶段表现得不特别明显。

二、探索原因

青春期是人一生中性能量最旺盛的时候，但是由于这一时期青少年的心理不够成熟，没有形成稳定的性道德观和恋爱观，加上自我控制能力弱，容易受到外界因素的影响而动荡不安。

案例中孔老师收到的表白字条，可能就是某个正处于向往年长异性的牛犊恋期的学生写的。高中生正处于青春期，青春期男女普遍对异性有渴求和思慕，由于青春期的学生思想不成熟，对漂亮、优秀的异性产生好感是正常现象，也是暂时现象。从青春期学生性心理发展的大致规律来看，多数青春期的学生最初的爱慕对象都是从比自己年长的异性开始的。很多学生会把这种感情藏在心底，默默喜欢，正如案例中的学生只是偷偷地投递了一张字条，甚至都没有写名字，也就是不想让人知道。

另外，孔老师作为年轻教师，和学生相处的方式和年纪较大的教师不一样，相处时更平等，更容易亲近，这样让学生觉得很有吸引力，于是就产生崇拜感，但这不是喜欢，只是一种崇拜之情。学生错误地将崇拜仰慕之情当成了爱情，这种吸引力不该被错误地认定为爱情，更应该是对教师的敬仰或者对教师的一种崇敬。

三、教师辅导站

了解青春期性心理的发展规律

年轻教师第一次遇到这样的情况，可能会有些不知所措，这时可以和周围工作年限较长的教师交流、讨教经验；或者重温一下发展心理学中关于青春期性心理的内容，从书本和网络的各种资源中学习一些青春期学生的心理发展特点，明白正是这些心理发展特点，导致他们容易把对自己很欣赏或者很崇拜的人的好感，认为成自己认为的喜欢，但这不是爱恋，这只是暂时的，而且青春期的学生容易转移喜爱的对象。

沉着冷静，表明态度，调整行为

案例中学生并没有留下自己的姓名，这个学生很可能并不想让教师知道自己是谁，那么教师可以不必深究是谁，而是尊重学生的表达。同时需要提醒自己在日常教育教学过程中要注意自己的言行举止，保持行为的恰当和适度。教师相对于学生而言具有广博的知识、丰富的阅历，在课堂上指点江山、激扬文字的气魄，再加上教师这个神圣、完美的光环以及成熟的魅力，这些对学生会有无穷的吸引力，所以教师要调整与学生的交往距离，师生之间应该保持一种平等的、融洽的、和谐的关系，不能太过亲近。

引导学生关注自身的心理发展

有些青少年由于青春期性心理的发展得不到合理的疏导、升华而导致过分压抑，这并不利于学生的健康成长，所以不要过分压抑青春期学生的情绪和情感，允许他们学习和尝试合理合适地表达自己情感。任课教师可以联合学校的心理教师、班主任、学生会指导教师等，通过活动课或者学生社团活动等形式，让学生尝试一些心理调适的方法。比如认知调节法（通过改变自己不合理的看法，从而调节情绪和行为）、转移注意力法（把对异性的注意力转移到对知识、技能、兴趣爱好的培养上和各种活动上，使得性能量产生积极的作用）、日记法（通过记日记纾解心理紧张并使得自己学会思考）。通过活动帮助学生正确意识到自己的性意识发展变化，了解产生这种困惑的原因，正确处理与异性之间的交往，做好自我调适。同时，了解和珍惜自己的情感，避免自己陷入各种误区，不要把普通的好感错当成爱情。人人都有表达自己情感的权利，但要珍爱自己，衡量自己的能力，当我们还没承担的能力时，要做符合自己年龄、身份的事情。有时等待，才能赢得真正的精彩。

（上海农林职业技术学院　国家二级心理咨询师　王放）

为什么学生在课堂上突然情绪崩溃？

小蔡，女生，16岁，就读于市重点中学高一。一节数学课上，老师让同学们用刚刚讲过的公式进行能力提高训练。教室里很安静，大家都在聚精会神地做题，突然一阵声响，小蔡将笔用力摔在地上，书本一推，趴在桌上嚎啕痛哭起来……

进入高中以来，小蔡发现身边的同学都很厉害。数学课上，老师讲的问题自己还没听懂，就有人可以举一反三了；语文课上，总有同学可以引经据典，侃侃而谈；英语课上，大家可以操着纯正的英式发音直接与老师辩论；就连美术、音乐课都能找到几个“灵魂画师”和“音乐小天才”。而自己，好像平凡到了尘埃里，再也没有初中的光芒与骄傲。尤其几次考试下来，小蔡的成绩都不理想，她觉得自己好像变笨了，变得一无是处，这样的自己根本考不上大学啊！

这段时间，小蔡每天精神郁闷、心情焦躁、情绪不稳定，有时觉得自己胸闷气促，呼吸困难，容易发怒，常常叹气。在家写作业时，一旦遇到自己做错的题目总是思考自己为什么会做错，独自在房间不停地痛哭、大叫，失眠头痛，甚至跟家长提出不想上学了。

一、了解概念

小蔡表现出的是情绪问题。情绪是对一系列主观认知经验的通称，是人对客观事物的态度体验以及相应的行为反应。消极情绪，是指个体受自身或外在因素影响，不满意自身的能力和条件，进而造成信心的缺失，在社会生活中逐渐形成，并影响人们的正常社会生活的消极心理状态。

消极情绪的种类很多，如愤怒、悲伤、恐惧、厌恶、蔑视、焦虑、抑郁、敌意、孤独、尴尬、嫉妒、羞愧、内疚等。其中，焦虑、抑郁、敌意、孤独等情绪是复合情绪，如恐惧、内疚、痛苦、愤怒几种情绪的复合就形成了焦虑情绪。当焦虑的严重程度和客观事件或处境明显不符，或者持续时间过长时，就变成了病理性焦虑，称为焦虑症状，符合相关诊断标准的话，就会诊断为焦虑症，也称为焦虑障碍。焦虑障碍的表现往往是多变的，可表现出一系列心理、行为，以及躯体的症状。

二、探索原因

生理和心理因素

青少年的情绪发展要快于认知发展，对情绪刺激敏感，情绪反应性增强。无论是对积极情绪还是对消极情绪，青少年的情绪体验都比较深刻。由于负责情绪控制的脑区还未发育成熟，青少年容易陷入消极情绪而不能自拔。

当进入到青春期，生理上的特点造成情绪上的“暴风骤雨”。他们精力充沛、自我意识增强，对学校生活中学业和人际关系的适应存在差异，容易引起心理矛盾和消极情绪。

学校因素

学业压力：学校教育的考查方式和学科本身的难度对部分学生的心理状态产生着影响，使得他们学习过程中都是战战兢兢的，有些学生对自己的学习患得患失，久而久之受不了分数的压力，对分数厌恶，对考试焦虑，这些都导致一些学生身心疲惫，情绪低落。随着年级增长，学业上难度增加，知识量增大，能力要求也不断提升。部分学生自我要求比较高，当学习目标没有达成或者在遇到学习挫折时便会信心不足，产生紧张、焦虑、抑郁等消极情绪甚至拒学或出现躯体化症状。

人际压力：学生在学校不仅学习知识，也要学会处理各种人际关系，包括师生关系、同伴关系、异性关系等。有些学生在学校里和教师发生矛盾或误会，导致敌对或者消极回避；有些学生存在社交困难，不能与同学建立良好的人际关系，就无法加入团体，甚至遭遇排斥和校园霸凌；有些学生在异性交往中产生困惑和挫折。这些都会对他们产生巨大的心理压力和消极情绪，影响身心健康。

家庭因素

处于成长发育期的儿童青少年，心智发展不成熟，家庭、学校和同伴在这一时期起着重要的教育和引导作用，其中最直接的影响来自家庭和父母。在家庭中，父母对其自身角色的认知与行动直接影响儿童青少年期的心理发育、人格塑造。家庭教养可以显著地预测子女的心理健康状况，家庭教养越合理，子女的消极情绪越少，问题行为也会相应减少。

三、教师辅导站

由幻觉引发的情绪崩溃

遇到课堂上突然情绪崩溃的学生，教师首先要了解一下原因，排除精神症状。有些孩子突然幻听或者幻视到一些东西也会情绪崩溃，所以教师可以有意识地问问学生："当时有没有听到什么声音？""是有人跟你说话吗？"或者"是看到了什么吗？"……幻听和幻视多是一些令学生不愉快的、恐怖的内容，容易引发学生突然的情绪崩溃。教师如果发现学生出现了幻觉而非现实生活中发生的真实声音和画面，要及时建议家长带学生到专业机构进行诊断，及时发现，及早治疗。

由消极情绪引发的情绪崩溃

积极关注：情绪消极的学生会时常表现出无精打采、担惊受怕、内心敏感、容易受伤，一点点风吹草动都会引起他们的情绪波动，因而特别需要一个温馨、友爱、能给他安全感的环境。教师的体贴、呵护、安慰和精神上的引领，能有效降低学生的紧张指数。教师的一句嘘寒问暖，一个明媚的笑容，一个鼓励的眼神，同样可以让敏感、抑郁、焦虑的学生感到温暖。

心理支持：面对学生的消极情绪表现，教师先要管理好自己的情绪，沉着、冷静、自信、果断，避免大惊小怪。可以先轻声安抚学生，再陪他到比较安全的环境中（如办公室、学校的心理咨询室）进行情绪宣泄。当学生被消极情绪困扰时，他们最需要的是心理支持，希望教师能和自己一起寻找应对策略，这会淡化学生对情绪的感受。教师耐心地倾听学生，与之建立良好的信任关系，使学生在教师面前不设防，自觉自愿吐露内心的情绪。在听学生述说时，教师对他所说的内容及时做出相应的反应和共情，有助于学生消除顾虑和紧张情绪。

方法引导：引导学生尝试以一种支持性的、非主观的态度来看待自己的消极情绪，耐心地试着去了解它们是如何影响到日常生活的，从而掌握应对消极情绪的技巧。教会学生尝试用新的方式来思考和行动，以及学习一些管理和处理压力的方法，如放松技巧和呼吸训练。

及时转介：当发现学生的消极情绪比较严重或者持续时间比较长时，教师应及时与家长沟通，建议家长带孩子到专科医院的临床心理科或者精神科进行评估诊治。

焦虑、抑郁等消极情绪如果长时间存在，势必会严重影响儿童青少年的身心健康发展。这些学生成年后可能会出现社交能力低下，继续接受教育和工作的能力受到影响的情况，严重者可能导致其他精神疾病。因此，早发现、早治疗，采取适当对策，让学生在专业人士的帮助下早日远离焦虑。

（上海市洋泾中学　国家二级心理咨询师　朱红）

为什么学生难以承受挫折?

小张同学偏科严重，理科成绩尤其突出，电脑方面也是一把好手。面对弱势的文科，便理所当然地当起“甩手掌柜”；面对优势学科，他主动积极，不过一旦遇到困难，便是情绪暴躁，咒骂题目出得不好、老师教学水平不佳，就连最擅长的电脑操作，如果操作不顺利或是运行卡顿，也会气得跺脚、拍桌。

生活中，小张无法忍受他人对自己的批评，不允许不顺心的事情发生，遇到一点不合意，就做出很极端的反应，甚至离家出走、拒绝上学等。有一次，因为未完成英语的背默任务，老师找他谈论英语学习情况，他完全不予理睬，用最快的速度“逃跑”了。与同学发生意见纷争时，他也时常情绪暴躁，无法接受不同于自己的意见，一气之下做出推搡他人等冲动的行为，同学们唯恐避之不及。小张觉得生活应该是轻松愉快、顺心合意的，学习学得开心就好了，人际关系就应该顺顺利利的，否则有什么意思?

一、了解概念

学生难以承受挫折，是抗逆力较低的表现。抗逆力是人们对挫折的容忍力和对挫折的超越力，即指个体在遭遇挫折时，不仅有能使自己的行为、心理不致失常的能力，而且有能够忍受挫折并采取积极行动战胜挫折、获得成功的能力。每个人天生就具有一定的抗逆潜能，平安顺利时，抗逆力以一种潜伏的状态存在着；当危机和困难来袭时，个体内外部保护因素抵抗危险因素，抗逆力就会被激活，聚集力量，开拓思路，渡过难关。

抗逆力的基本要素包含“我有”（I have）、“我是”（I am）和“我能”（I can），这三者是抗逆力的“3I”结构。“我有”体现的是一种归属感，包括家庭中的归属感、学校中的归属感、社区中的归属感、团队中的归属感。归属感给人稳定的心态、安全的基点，提供更多应对问题的思路。“我是”体现出的是乐观感，它提供给人积极健康的态度，是个人内在的保护因素，包含着对自我的接纳。“我能”对应效能感，是对生活的积极认知。效能感越强的人对于生活的掌控度越高，懂得如何以高效的方式应对生活以及生活中的困难。

二、探索原因

个体的抗逆力有着一定的先天生理基础，但主要是以下主客观因素共同作用的结果。

个人对逆境的态度

面对逆境能否迎难而上，取决于个人对逆境的态度，而个人的内隐观念决定态度。心理学家德韦克认为，人们对能力持有不同的内隐观念。一种为能力实体观，认为能力是稳定的，是不可改变的特质；能力增长观则强调能力是可以训练的，是可以随着知识的学习、技能的培养而加强的。

持有能力实体观的学生在学习上关心自己是否比别人表现得好，以向别人证明自己的能力，因此害怕挫折和失败，认为失败是没有能力的表现。他们往往选择擅长的学习内容，比如不需花费太多精力而且成功可能性很大的任务，因为拼命努力换取的成功不足以证明自己天资聪颖，更何况一旦失败还伤及自尊心。持有能力增长观的学生将每一次尝试视为“打怪升级”，因此往往能够迎难而上。

客观因素

青少年处在独特的社会背景、家庭环境下，拥有优越的学习条件，使他们具有很多以前青少年不具备的优势，如知识面宽、容易接受新事物、喜欢探索新知识、现代信息较丰富等，常常表现出较强的上进心，对自我认可度高；但在逆境中，尤其遇到突然的变故，与内心对自己的期待背道而驰时，便不容易适应，表现出悲观、失望，在家长刻意营造的顺境中缺乏生活的锤炼，表现得退缩、任性、急躁，受不得一点委屈，会出现难以协调和处理各种人际关系、遇事缺乏对事情的应变能力、不能勇于承担责任等问题。

学生的主要任务是学习，对学业成就的高期待容易使学生产生极度焦虑、恐惧心理，以至于害怕学习，害怕学习上的失败，学习上有轻微挫折就会惊慌失措。加之家长、教师对学生学业成绩的关注，增加了学生的心理负担，表现不良时可能导致学生与教师和家长关系的紧张，学生的心理承受能力减弱。面对国内外竞争，青少年在学习中也承受着较高的心理负担和心理压力，因为社会对人才的素质提出更高的要求，长期处在危机感中容易引起内心剧烈冲突。

三、教师辅导站

抗逆力是一种积极的心理品质，是后天内外因素交互作用的结果，后天的教育和训练能够切实提高抗逆素养。

全面了解现状，分解困难，重建信心

每一个行为都是有意义的，它反映的是背后的深层次需求。教师们需要增进和学生的沟通，了解学生行为背后的想法。比如“你认为自己的优势是什么？短板在哪里？目前你做出了哪些努力？产生了怎样的效果？遇到了怎样的阻碍？”

等。听一听学生怎么描述现在的情况，他是怎么想的，陪他一起看一看还可以做一些什么。当深层次的需求得到满足，学生会更乐意去尝试挑战个人短板。教师可以帮助学生分解困难，切实感受到离目标越来越近，协助学生重新建立对个人短板的信心。

班主任教师可以向各任课教师了解班级学生的总体状况，分析存在困难的学生的“卡点”，引导学生正确认识和评估客观环境及自身能力，客观看待眼前的困难。如班级学生中广泛存在对学习的畏难情绪，可以通过主题班会形式进行经验分享，利用同伴互助的方式让学生看到多种应对策略。

教师应关注过程，弱化结果

教师可以引导学生利用自己的强项来进行有效的自我鼓励，对其不同角度的尝试进行肯定和引导，强调在过程中进行一些改变。及时鼓励强化正向行为，关注过程，弱化结果，适时地看到学生的优点，创造更多担当的机会。打开慧眼，教师简单的一句赞美、理解和支持会改变学生很多。学生只有靠自己的力量去跨越障碍，体验成功，才有助于克服短板。教师在过程中起到“安全港”的作用，可以陪伴、鼓励、一起总结经验，但不能代替学生行动。

巧借“全员导师制”，从学校层面创设保护因子

从学校层面说，关注培养学生的抗逆素养，创造更多抗逆力培养的机会和保护因子，联合“家庭、学校、社区和同伴”建立全面的支持体统。如，在学校推进“全员导师制”的建立，贯彻全员育人、全过程育人、全方位育人的现代教育理念。导师通过“日常谈心”“团体辅导”“导学活动日”“个性化陪伴方案”等让每个学生在学校里有一个特殊的“大朋友”，能够看见他的存在、了解他的想法、关注他的情绪、给予积极的期望，能够参与一些特殊的活动，并有机会承担责任、为团体做出贡献。

桑德伯格在《另一种选择》一书中分享了她对抗逆力的感悟：它源于每个人的内在，也源于他们获得的外部支持；源于对生命中美好的感恩，也源于在挫

败中学到的经验。“真正塑造我们的，正是我们应对困难的方式，并继续积极地生活”，每个人本身具备着向上的潜能，教师要做的是陪伴学生挖掘深藏的潜能，细心地浇灌。

（华东师范大学第二附属中学普陀校区　学校中级心理咨询师　陈秋妍）

为什么学生有着诸多“不切实际”的职业梦想？

茵茵从小兴趣广泛，有着诸多职业梦想。她有一段时间特别热衷看电视选秀节目，津津乐道选秀明星的成名史；后来电商带货流行，她想成为一名网红主播；等到电竞游戏成为热门，她想做电竞解说……她还有许许多多对未来的设想，比如希望自己也能成为一个流量明星，有自己的团队、有自己的“忠粉”，到哪里都能享受顶级的待遇，希望自己30岁前赚够能花一辈子的钱，有自己的高档居所，有自己的社交圈子，真正地享受生活。

虽然茵茵有很多职业梦想，但大多忙于跟风或是浅尝辄止，热情往往持续不了多久，便“转向”或“淡化”了。茵茵是个爱好广泛、热情开朗、能量满满的孩子。作为教师，既期望看见她充满好奇、热情满满的状态，也担忧这些“不切实际”的梦想会给她带来不良的影响。在这种情况下，教师能做些什么呢？

一、了解概念

形形色色的职业梦想背后有一个强大驱动力，即兴趣，人们往往用“兴趣”来描述一种普遍的动机状态。学生对新鲜事物充满好奇，受到丰富的外界刺激的影响，兴趣变化频繁在青春期阶段多有发生。兴趣是一种带有情感色彩的认识倾向，它以认识和探索某种事物需要为基础，是推动一个人去认识事物、探求事物的重要动机，是一个人学习和生活中最活跃的因素。兴趣按层级自下而上又分为感官兴趣、自觉兴趣和志趣，依据不同的持续时长、投入程度、稳定程度和对未来的影响来区分。

同时，青少年时期，学生的价值观初步形成，尚处在不稳定的阶段。青少年正经历着从儿童向成人过渡的重要时期，初步形成的价值观是比较容易动摇的，也很容易受到周围人、媒体、社会风气的影响，被改变或同化。

一方面，“不切实际的梦想”源于对自身兴趣、能力、价值观的不明晰；另一方面，“不切实际的梦想”也表现出对改变的渴望，是一种积极的内在动力，是个人信念的力量。

二、探索原因

追求快乐，是生命的本能，追求意义和价值，是生命的高层次需求。青少年在追求快乐和意义的道路上不断摸索，是这个生命阶段的主要任务，但由于本能驱动、认知局限、社会价值取向等因素，在寻找自我价值、确立自我认同的道路上还有很长的路要走。

兴趣远远不是简单的快乐

兴趣和快乐经常被作为一种“积极情感”而被混为一谈，然而它们的起因不同——人们通常对复杂的事情感到兴趣，而对简单的事情感到快乐。兴趣是持续的情感状态，既包含了“愉悦”，也包含“痛苦”，是一个在自己喜欢的基础上持续投入努力的过程，而事情本身的复杂性提供了充分探究的基础。一个人主动发展自己的兴趣，从感官兴趣激发了解新事物的欲望，开始大量的学习，随着学习深入带来了行动，成为自觉兴趣，最后融入了理想和价值观才成为志趣，这一过程会有快乐，但也一定有坎坷，经得住时间和困难的考验。

缺乏客观、稳定的自我认同

从进入青春期开始，学生独立意识增强，开始思考："我是谁？我要成为怎样的人？我将来要做什么？我能够为社会做些什么？"学生需要大量来自外界的信息来帮助他们寻找这些问题的答案，因此对外界世界的海量资讯充满好奇，却又缺乏社会阅历和经验基础做出理性筛选，对于纷繁复杂的信息难以进行有效的辨识、过滤，这些资讯潜移默化地影响和改变他们对人、对事、对物的价值判断。学生容易对新鲜事物产生兴趣，容易将社会热点、媒体引导所提供的信息纳入到个人的参考或重要信息来源，进而影响其价值观的形成。诸如网红、明星等"高曝光"的职业容易成为参照，学生往往看到其光鲜亮丽的一面，而忽略各行各业各自的难处和辛酸，具有一定的片面性。

高焦虑和追求功利的社会环境

在市场经济的条件下，优胜劣汰、适者生存的法则令全民处于高竞争、高焦虑的氛围中。家庭、学校作为社会的次级单位，不可避免地卷入风波，家长和教师为学生的未来担忧的同时也容易将社会评价标准与深层次的内在焦虑传递给学生。中学生的价值取向也一定程度地出现功利性，以追求物质结果为标准，追求个人利益优先，追求"最优最简"的成功路径。

三、教师辅导站

随着时代的发展，职业领域推陈出新、日新月异，今天的职业也许会在未来的某一天消失，未来也会因为技术的发展，衍生出更多令人意想不到的职业。无论职业如何变迁，在当下的社会背景中实现个人价值是亘古不变的内核。教师在引导青少年思考人生走向时应立足稳健的社会根基，鼓励自主探索实践。

理性看待，重视价值观形成初期的引导和教育

教师要从育人的角度，用专业视角正确引导学生理性选择职业方向。通过提问引导学生对自己的职业梦想形成更清晰、更深入的认识，从多领域、多侧面去

理解自己心仪的职业，认真思考，做出谨慎的选择。如，教师可以询问学生："对于感兴趣的职业了解到哪些信息？""从业者每天做些什么？和自己过去想象的状态有何不同？""从业者怎么评价这个行业？"也可以和学生一起探讨："如果想实现这个梦想，你可以为这个梦想提前做些什么？"推动学生主动地去学习，去探索新的知识，拓宽对于行业的了解程度，权衡利弊，理性地树立目标志向。

创设机会，加强实践体验在职业规划中的作用

学校和教师需积极创设实践体验的机会，在校内，建立学生自主管理委员会，下设不同职能部门，在教师的指导下组织各类学生活动，分工协作，在策划、执行、运营、反思的过程中形成知识经验。在校外，学校及教师牵线各类社会机构、事业单位、企业等，开展沉浸式实践活动，进行跟岗实习，作为学生社会实践环节，丰富学生的职业体验，体会各行各业的不同特性，将课内所学与工作技能联系起来，逐步形成自己的职业目标。当学生在实践过程中产生了符合主流价值观的行为或体验时，及时进行表扬和鼓励，强化行为，增强积极体验，反复循环来形成适宜行为。

怀揣梦想，不断调整，踏实前进

教师对新兴职业应始终保持好奇与接纳，排除先入为主的思想，看见每一份职业背后的价值，不评判好坏，不打击批判，而是在保护学生的好奇心和想象力的同时用心去听、去看、去了解学生的职业梦想，站在"陪跑"的立场上引导学生看见自己的内心需求，全面、客观地了解自己的兴趣所在，怀揣梦想，看见现实，明智地调整。

梦想与现实之间总存在着一定的距离。一个大的梦想，是由很多个小的梦想组合而成的。教师应引导学生通过不断地完成小目标，让自己一点点接近自己的职业梦想。

人有两个世界：一个是理想的世界，一个是现实的世界。人之所以高贵，是身处客观的现实世界，有欲求，有不满，但依旧凭借头脑、意识、文化去思考自

己的处境，去想象自己的未来，去规划自己的道路。从这个意义上来说，每一个梦想都值得被看见、被尊重、被接纳！

（华东师范大学第二附属中学普陀校区　学校中级心理咨询师　陈秋妍）